ブランディング戦略の新方程式

ブランド
～STORY設計とは～

関野吉記
株式会社イマジナ　代表取締役

プレジデント社

はじめに

２０１９年12月からはじまった新型コロナウイルスの世界的な感染拡大。２０２１年からはさまざまな変異株も確認され、コロナ禍の影響は計り知れません。これによって、社会、経済、環境、生活……といったあらゆるものが、とてつもない早さで変わっています。新型コロナウイルスのワクチンが開発され、世界各国で接種が始まっていますが、変異を繰り返す新型コロナウイルスとの戦いは、まだ、スタートしたばかりです。これからの時代は、すべての事柄がさらに急速に変化し続ける「ポストコロナ時代」と捉えるべきでしょう。

そんな中、あなたは、ご自身の会社がいつまで存続できると考えていますか？想像を絶するスピードで、すべてが変化、進化する中では、企業を経営する、または会社を支える立場である方々は、「一寸先は闇」と考えておくべきなのかもしれません。

たとえばこの瞬間、人々の心を強烈に捉えている商品やサービスであっても、変化と進化に合わせて、さらに生活者に求められるものが次々と登場してくる、そして、商品やサービスの機能や特性に根差した優位性も、瞬く間に失われていく……という時代になったのです。そういった苦境をくぐり抜けて、長くお客様に選ばれる企業になれるかどうかは、商品の機能や特性などだけにとどまらない「付加価値」を提供できるかどうかにかかっています。

その付加価値とは、何でしょうか？ それこそが、「ブランド」です。そして、それをつくり上げるものが「ブランディング」であり、ここに心血を注がない企業は必ず淘汰されていくと、私は本気で思っています。

しかし、カタチのないブランドというものを人に伝えるには、その基盤となる企業の「大義（大切にする想いや社会への提供価値）」を伝える「ストーリー」が大切になります。誰にも真似ができないほどのこだわりや、唯一無二のサプライズがある独自性、手に入れることがステータスと思えるほどの希少性など、商品やサービスがまとっている付加価値という透明な衣を、より多くのお客様に認識して「共感」してもらうには、「なるほど！」と思える物語づくりが欠かせないのです。

これが本書のテーマとなる「ブランドストーリー」です。

ポストコロナ時代は、企業として、商品購入をいかに促すかということに躍起になるだけでなく、購入後の体験を魅せることに工夫を凝らさなければ勝ち抜けなくなるようになります。成功するブランドのストーリーには、商品購入後の体験までが描かれているものです。つまり、購入後にストーリーが連続していくといった、いわゆる、付加価値の連鎖がなければなりません。これから企業は、そこを意識してブランディングする必要があります。単に、広告宣伝費をかけて終わりではなく、アフターストーリーの構築にも力を入れていく、そして、販売したあとにも価値が上がるものをつくっていくことが、勝ち残っていくための戦略となります。だからこそ、ブランドストーリーが必要なのです。

また、企業が価値を生み出し続けるには、優秀な人材が必要となります。しかし、優秀な人材ほど確保するのは難しいのが現実といえます。だからこそ、共感という人を惹きつける強い力＝ブランドストーリーを活用すべきなのです。

経営者の想い（コンセプト）とそのストーリーに共感した社員は、アンバサダーとして、社内への浸透を促す役割を担い、ブランディングに大きく貢献してくれるようになります。

ただし、ブランディングには時間がかかります。どれほど秀逸なブランドストーリーがあったとしても、浸透、定着させるまでには年単位の時間が必要です。そして、ブランディングに取り組んだからといって、瞬く間に状態が良くなることなどありません。裏を返せば、ポストコロナ時代となった今、すぐにでも取り組みはじめなければ、あなたの会社は手遅れになります。なぜ、これほど力を込めて語っているのか、本書を読めばご理解いただけると思います。

ブランディングとブランドストーリー。これが、ポストコロナ時代に、あなたの会社の絶対的な付加価値を生み出し、成長し続けられる企業となるキーワードになるのです。そのために本書は、2018年に発行した拙著『ブランドSTORY』を大幅に改訂、加筆してまとめました。それらを実感いただき、あなたの会社の存続と発展に役立てていただければ幸いです。

関野吉記

Contents

Chapter 2

企業100年計画の基礎の基礎。これを知らなければ進めない……

Contents

Chapter 3

経営者の判断が、会社の運命を左右する……

Chapter 4

やるか、やらぬか？ これで、あなたの会社が生き残る……

Contents

Contents

Product Quality
Innovations
Performance
Business Success
Vision
Design
Values
Efficiency
Quality Personnel

BRAND STORY

人が感動し、興味を持ち、共感するような
ブランドストーリーを確立する。
企業の大義をストーリー化することで、
効果的なブランディングが可能となる！

プロローグ

ポストコロナ時代のブランディングとは？

ブランドストーリーが会社を変える

山梨県・石和温泉。東京からも近い、この温泉郷は県内最大規模を誇り、大型ホテルから庶民的宿まで百軒余を数えます。

ここにある老舗旅館「石和名湯館　糸柳」。2020年春までは、石和温泉・随一の人気旅館として数多くのお客様に慕われ、予約が途絶えることがなかった旅館も、コロナ禍によって状況が一変しました。

キャンセルが相次ぎ、緊急事態宣言下では営業を停止、業績は急速に悪化したのです。コロナ禍で大きな影響を受けたのは、飲食業と旅行産業といわれていますから、これも当然だといえ

Prologue

るでしょう。

ただ、このままでは収益を上げるどころか、経営を続けることが自体が難しくなる、倒産もあり得るかもしれない……。そんな中で「糸柳」は、足元を見直すためにも、日頃から重視していた従業員教育を、さらに強化していきました。

お客様に安心して訪れていただくためにはどうしたらいいのか、そのために従業員は何を考え、どう行動すればいいのか、お客様に喜んでいただける声がけとは、笑顔になっていただけるサービスとは、さらに「おもてなし」の本質とは何なのか。

「糸柳」は「こころ動かす、工夫がある」というブランドコンセプトを定め、トップおよび経営陣が従業員を集めた全体研修やグループ研修を繰り返し、「糸柳」全体としての「想い」の共有を徹底したのです。

つまり、「人」への投資であり、お客様のことを考え、愛されるべく工夫をしていったといえます。
　同時に、お客様にとってのベストとなるように社内の仕組みを変え、また、ホームページなどのオンラインメディアを活用することによって、「糸柳」としての発信力を高め、外部訴求を続けるようにしました。多くの旅館やホテル、飲食店が、コロナ禍によって悩み苦しんでいる間に、「糸柳」は他社に先んじるために「攻め」に出たのです。

　この「糸柳」の姿勢は、できることからとにかくやってみる、を徹底したものです。施設などのハード面への投資ができなくとも、今できることに目を向けることで、会社が大きく成長する可能性が生まれます。コロナ禍だから、国や行政からの指導だから……と、やらない理由を探すのは簡単でしょう。ただそれでは、すべてのモノの変化と進化が連続するポストコロナ時代においては、通用しないでしょう。

それよりも、自分たちが持っているものをしっかりと検証して、それを駆使してできることを見つけ、最善を尽くして取り組んでいく。こういった発想と動きによってこそ、ポストコロナ時代に中堅・中小企業は、ピンチをチャンスに変え、存続・成長の可能性をつかめるのではないでしょうか。

一方、東京にある「ジオ・サーチ」。地下を透視する世界初・オンリーワンの技術「スケルカ」により、地下の空洞や橋梁の劣化箇所を正確に素早く見つけ、陥没事故を未然に防ぐことに貢献しています。

同社は、国連からその技術を評価されるとともに、地雷除去への協力要請もあり、オープンイノベーション的に企業を結集したNGOによるタイ・カンボジア国境での地雷除去活動でも成果を挙げました。すでに韓国・台湾にも進出し、北米進出に向けたプロジェクトの準備も進めています。

また同社は、地上と地下の情報を結合して3Dマップ化するデジタル技術を新たに開発しました。

これにより、グーグルマップをも超越するような地下を可視化できるマップの利用が可能となり、インフラ事業者の設計と施工において圧倒的な工期の短縮と大幅なコスト削減を実現します。

以前から、国内のインフラ業界では高い認知度があった「ジオ・サーチ」ですが、さらにこれまで接点のなかった業界とも協働することで地下の新たな可能性を開拓し、世界中にこのシステムと「ジオ・サーチ」という名前を響き渡らせる日も近いことでしょう。

このように同社は、多くの企業や人に、「地下」というフロンティアの価値を気づかせるべく、ブランディングに取り組んでいます。

人は、ストーリーに心を動かす

この「糸柳」と「ジオ・サーチ」の例は、ポストコロナ時代に企業が参考にすべき、伸び続けている事例といえます。

「糸柳」は、人材育成による「もてなし」というソフトの工夫で対応し、よりレベルの高い満足感を提供できるように進化を遂げ、他社との差別化を推進しました。

また「ジオ・サーチ」は、既存のインフラ事業から視点を変え、新しい技術を生み出すことによって、国内だけでなく、世界から注目される自社づくりを進めているのです。

ブランドとは、ポジティブなイメージを持たせることに成功している会社やモノだといえます。

ポジティブなイメージとは、「スポーツシューズならＮＩＫＥが一番」とＮＩＫＥで働く社員が思うことと同時に、多くの生活者からのNIKE信仰ともいえるような強い支持を得ること、どちらを買うか迷ったときの決め手になるもの、「ベンツ＝高級車、成功者が乗る車」と社内外の誰もが連想すること、または漠然とした親しみや好感などのゆるい支持まで、すべてを含んだ前向きなものを指しています。

企業にとって、お客様にポジティブなイメージを持ってもらうこと、また、自社の社員に誇りを持ってもらうことは強力な武器になります。

そして、ブランディングを突き詰めれば、「多くの人々にポジティブなイメージを持ってもらうための活動」ということなのです。

「いいね！」と共感してもらい、数ある企業、商品サービスの中から選んでもらうために行うことすべてが、ブランディングだと考えてください。社是や行動指針、ロゴ、デザイン、メディアを通じた広報活動、研修、人事制度といった、すべてのことがそうです。

そして、ブランディングにおいて大切なことは、人が感動したり、興味を持ったり、共感したりするブランドストーリーを確立していくことになります。


ブランドを伝えるべき対象には、お客様や取引先、パートナー企業などの外部関係者だけでなく、当然社員も含まれます。これは、事業を動かすのも、商品・サービスをお客様に売るのも自社の社員たちだからです。社員をおろそかにして企業成長などあり得ませんし、ブランディングを成功させることはできません。

その理解を深めるためにも、まずはChapter1で、さまざまなケースを紹介しながら、事業、人材、組織において、ブランドストーリーがどのように武器になっていくか、理由を説明していきましょう。

Chapter 1

「ブランドストーリー」の秘密

99%のトップが知らない
企業存続のための最後の一手……

企業の未来を大きく左右するブランド。
付加価値が事業成功の
鍵となる現在、
ブランドの力を無視した企業経営などは
もはや、企業存続を
あきらめることと同義である。
ブランドは、世の中に
広く知られてこそ意味があり、
その浸透策こそが、
「ブランドストーリー」といえる。

「モノを売る、モノを買う」、その原理原則ここにあり

生活者をその気にさせるブランドストーリー

同じようなデザイン、素材、価格の服AとBを目の前に置かれて、「どちらかを選んでください」と言われたとします。あなたは、どうしますか？　何となく気になったほうを選ぶことはできるでしょう。でも、選んだ理由を明確に答えてくださいと言われたら、困ってしまうと思います。なぜなら、両者の差別化が難しいからです。

では、Aの服は「この道30年のベテラン職人が丁寧に縫製しているので、縫い目がほつれることがなく、丈夫で長持ちする」と聞いたらいかがでしょうか。それならほとんどの人がAを選ぶはずですし、選んだ理

由も明確に答えられます。

普段、強く意識していませんが、自分の購買行動をあらためて振り返ってみると、モノを買う決断をするとき、そこには往々にして「自分をその気にさせたストーリー」があることに気づくはずです。

言い換えれば、その気にさせるストーリーをつくることが、モノを売る鉄則だといえるわけです。

差別化が難しい時代にこそ、力を発揮する

ポストコロナ時代とはいえ、日本は経済的に成熟し、情報技術が進んだおかげで、日常生活はとても便利に、快適になっています。しかし、モノやサービスを提供する企業にとっては、機能や技術力だけで他社製品やサービスとの間に差をつけることが非常に難しい状況でもあります。

量販店にズラリと並んだテレビを見ても、同じような価格帯のもので

あれば、画質をはじめメーカーごとの差などほとんどわかりません。よほど突出した技術を開発したり、アイデアをひねり出したりできなければ、他社の製品・サービスに大きく水をあけることは至難の業なのです。

しかも、情報はすぐに広がり真似されてしまうため、先行者としてのアドバンテージも長くは続かないのが現実といえます。このような市場環境だからこそ、ブランディングをすることで、他社と差別化し、共感できるイメージを根付かせることができるのです。

ただし、消費者の心を捉えるためには、〝魅力的な〟ブランドストーリーがなければ意味がありません。価格よりも品質や機能性を重視する相手に、「いかにコストを削減して低価格を実現したか」というストーリーをアピールしても、それほど購買意欲を刺激することはできないでしょう。

それでは、魅力的なブランドストーリーとは、どのようなものをいうのでしょうか？

お客様と社員の「共感」を生み出す装置

共感が人々を動かす

ブランドストーリーは、関わる人々にポジティブなイメージを持ってもらうための手段です。実は、この「ポジティブなイメージを持ってもらう」というところがポイントだといえます。

モノを売り込みたい場合、事実に基づいて、知って欲しいことやアピールしたい特徴を伝えようと努力するものです。この行為自体は何ら間違っていないのですが、伝えた結果、相手がどのようなイメージを持ったかが重要なのです。

たとえばコロナ禍に見舞われている現在、ある飲食店に、「うちは、感染対策をしっかりしているので安全ですよ」と言われたらどうでしょう。感染対策は、どんな飲食店もしていることなので、そのひと言だけでは心が動かず、格別、良いイメージを持つ決め手にはならないかもしれません。

ただ、「うちは、従業員に毎週PCR検査を受けさせたうえ、毎日の検温を欠かしません。また、店の定員を1／3にして、隣のお客様との間を4メートル空けてご案内しています」という事実に着目してストーリーを構築すればどうでしょうか。

「従業員が、そこまで意識高く安全・安心に取り組んでいるなら、衛生面だけではなくて、料理に使う食材の吟味や調理、サービスまでしっかりと行き届いているに違いない」などとイメージして「一度くらい入ってみるか」と考えても不思議はないはずです。

このように、事実を魅力的にストーリー化することで、お客様に対して、自分たちの商品やサービス、大切にしている想いや考え方を伝え、「共感してもらう」ことがブランドストーリーのポイントだといえます。

「共感」は、ポジティブな活動を引き出してくれるのです。生活者であれば、購買意欲が上がるでしょうし、取引先であれば付き合うことにメリットを感じて、それまで以上に良好な関係を構築することができます。さらに、社員からの共感を得られれば、仕事に対するモチベーションが上がり、日々の生産性も向上するはずです。

ストーリーが強い記憶に

魅力的なブランドストーリーには、相手の記憶に残りやすいという利点もあります。

少し話がそれますが、童謡『ウサギとカメ』から得られる教訓は何ですかと聞かれたとき、多くの人が「油断大敵」とか「着実にコツコツ行うことが大切」などと答えられるはずです。子どものときに読んだり聞いたりしただけであったとしても、です。理由は、物語になっているからです。箇条書きで「油断すると痛い目にあう」とだけ書かれていても記憶に残りにくいですが、ゴールの手前でウサギが昼寝をしてしまい、その間にカメが追い抜いたという物語であれば、理解しやすく、前後の話のつながりから記憶にも残りやすくなります。

同じことがブランドストーリーにもいえます。

たとえば薬などでも、膝の痛みをやわらげる成分名を前面に出して商品をアピールするよりも、「開発者が親の膝の痛みを何とかしてあげたいと強く思い、研究に打ち込んだ結果、誕生した商品で、使用し続けている親は、今では元気にゴルフを楽しんでいる」といったストーリーにしてアピールしたほうが、生活者には覚えてもらいやすくなります。

魅力的なブランドストーリーによって、良いイメージを強く記憶に残すことができれば、相手の中で優先順位が高くなる効果も期待できます。数ある競合商品やサービスの中で、真っ先に思い出してもらえるようになる、これこそブランディングの目的の一つだといえるでしょう。

目指せ、「脱・価格競争」その実現のキーワードとは？

ブランドは低価格に代わる付加価値

機能や技術による商品・サービスの差別化が難しい時代になっています。そのため、企業は涙ぐましい努力を重ねて、無駄なコストを削減し、価格を下げることでライバルに差をつけようとしてきました。そのおかげで、経営はかなりスリム化され、効率化が進んだのも間違いありません。また、コロナ禍による各企業の積極的な改革路線で、そのデフレ状態は、さらに続くことでしょう。

たとえば、「日本マクドナルド」が販売する「ビッグマック」。次頁の一覧表のように、その価格はタイやギリシャよりも安く、スイスに比べれば1／2ほど。日本では、どの先進国よりもリーズナブルなのです。

▶ビッグマック指数

日本は極端に「ビッグマック」が安い国だ

順位	国名	ビッグマック指数	順位	国名	ビッグマック指数
1	スイス	6.81	24	ポルトガル	3.94
2	ノルウェー	6.21	25	コロンビア	3.88
3	スウェーデン	5.85	25	エストニア	3.88
4	フィンランド	5.61	27	チェコ	3.83
5	アメリカ	5.28	28	タイ	3.81
6	フランス	5.17	29	アルゼンチン	3.73
6	イタリア	5.17	30	日本	3.59
8	カナダ	5.07	31	リトアニア	3.44
9	ベルギー	5.04	32	ハンガリー	3.40
10	デンマーク	4.95	33	ラトビア	3.32
11	スペイン	4.86	34	中国	3.25
12	ドイツ	4.80	34	ペルー	3.25
13	イスラエル	4.68	36	ポーランド	2.95
14	オランダ	4.56	37	ベトナム	2.85
15	イギリス	4.48	38	インド	2.76
16	ニュージーランド	4.47	39	トルコ	2.70
17	チリ	4.29	40	メキシコ	2.63
18	クロアチア	4.23	41	香港	2.61
19	オーストリア	4.18	42	インドネシア	2.60
20	韓国	4.16	43	フィリピン	2.57
21	ギリシャ	4.12	44	台湾	2.37
22	オーストラリア	4.06	45	マレーシア	2.33
23	コスタリカ	4.04	46	ロシア	2.26

(注)ビッグマック指数は、アメリカを基準とした数値
〈出典〉The Economist-Big Mac index (2018年)

この背景には、生活者の間に低価格志向が根強く定着しているからだと指摘する専門家もいます。しかし、価格競争には限界があります。どこまで価格を下げられるかは、企業の体力次第ですので、中小企業には非常に厳しい時代だといえます。大企業であっても、このままではいつ行き詰まっても不思議ではありません。ひたすらコストを削って価格を抑える戦略は、働いている社員のモチベーションまでも下げてしまう危険をはらんでいます。

日本では、働く人の実質賃金の低下が続き、深刻な問題となっています。この状況を変えるものこそが、ブランドです。

ブランドは価格競争から脱却する付加価値を生み出し、商品やサービス、そして企業に強さを生み出していくものだといえます。

たとえば、機械式時計を考えてみましょう。世界的に人気の高い海外ブランドのある時計は、定価が200万円。ところが、購入した後すぐに中古品として販売すると、買取価格が290万円になるそうです。一方、機能性にすぐれたある機械式時計は、定価が67万円ですが、購入後、同様に中古品として出すと、買取価格は39万円にしかならないそうです。おわかりかと思いますが、この違いはブランド力によって生まれます。

圧倒的な付加価値を持ったブランドが確立できていれば、中古品であっても、新品を上回る価格での販売が可能となるのです。低価格化というプライシング勝負の戦略は、長続きしません。企業だけでなく、そこで働く社員をも疲弊させるだけだからです。ましてや、ポストコロナ時代は、コロナ禍の影響で消費が落ち込みやすく、企業の売上も打撃を受けやすいでしょう。だからこそ、低価格に代わる武器として、企業としてはもちろん、商品やサービスへの付加価値として、ブランドストーリーを描き、ブランドの確立を考えていく必要があるのです。

誰にとっての「いい商品」なのか

日本では、いいものをつくっていれば認めてもらえる、買ってもらえるという意識が昔から強い傾向があります。モノづくりが経済発展を支えてきたのは間違いのないことですし、技術力が高いのも疑いないでしょう。世界に誇れる伝統品なども数多くあります。しかし、求められていないものをいいものだからと押しつけても売れるわけがありません。

たとえば、これからは電気自動車の時代となってきますが、あるメーカーの電気自動車は、重量が3トンもあります。ただ、日本の立体駐車場には重量制限があるものが多く、なかには3トン未満とされているところもあります。つまり、3トンの電気自動車は、この立体駐車場に停めることはできないのです。

環境問題に貢献するこの電気自動車は、走行距離を延ばすためにバッテリーの容量を上げることばかりに注力してしまったのでしょう。

しかし、これでは、立体駐車場の多い都心には適していないと思われ、購入をためらわれてしまっても仕方ありません。生活者にとっての「いい商品」とはいえず、どんなブランドストーリーを練り上げても、成功は難しいといえます。

一つの特性を追求するあまり、プロダクトを総合的に見たときに思わぬデメリットが生まれてしまうケースは意外と多いものです。

たとえば、弊社(イマジナ)のクライアントでバッテリー開発を手掛けている企業があります。彼らはプロダクトをさらに活かすための、バッテリー開発のプロです。とあるパッケージのバッテリー部分のみの相談を受けても、その背景にある生産者の想いを総合的に紐解くことで、生活者のニーズにマッチさせながら、プロダクトを完成させるコンサルティング能力にも長けた集団です。

この会社は、大手自動車メーカーなど、世界が認めている企業ですが、一般の方にはあまり知られていません。しかし彼らのような企業が、多くのメーカーから利用されることで、これから先、生活者のニーズとかけ離れた商品をつくってしまうことが避けられるはずだと思っています。

ブランドストーリーは、伝えたい対象を明確にして、その対象に理解してもらえる方法を構築していくものです。そのため、大前提としては、徹底した市場調査や競合分析などのマーケティングによって、お客様の顔や好みを明らかにしておくことが大切になります。

商品・サービスの見せ方を工夫する

一方、生活者が求めている「いい商品・サービス」なのに、ブランドストーリーをうまく構築できず、売上が伸び悩む場合もあります。その理由の一つに、その価値に「気づけていない」ケースが多々あるのではないかと感じています。

それは、長年、その事業に携わり続けているために、第三者から見ればすごいこだわりなのに、自分たちでは当たり前のこととしか思えなくなっているような場合です。

たとえば、ある魚屋では、魚が傷まないよう氷水の中に魚を入れていますが、実は、真水は使っていません。真水だと魚が水分を吸収してふやけたようになって、おいしくなくなってしまうからです。そのため、塩を入れて塩分濃度を調節した氷や水を使ったり、氷を入れる位置を魚の上側にしたり下側にしたりといろいろ工夫しているそうです。

さらに、塩分濃度が濃すぎると魚に塩味がついてしまうため、濃度にも徹底して気を使っています。この魚屋にとって、これらは普通のことなので、特にお客様には伝えていません。

ただ、実践していることは、「おいしい魚を食卓へ届ける」ための徹底したこだわりであり、この魚屋としての付加価値です。これらを工夫して生活者に伝えれば、この魚屋の価値を生み出し、信頼を高める、とてもいいストーリーになるでしょう。

同様に、若者が減り、活気を失いつつある田舎であったとしても、ブランドストーリー次第で、魅力的な「秘境」に変わるのです。


いいブランドストーリーを構築するには、何が生活者の心に響くストーリーになるか、見せ方を考えていくことが大切です。

ストーリーは何を伝えるためのもの？信頼を勝ち取るために……

一貫したストーリーが重要

ブランドストーリーは、相手にポジティブなイメージを持ってもらう活動だと繰り返し述べています。ただし、ポジティブなイメージにつながるからといって、ストーリーに「嘘」を盛り込んでいいわけではありません。当たり前ですね。明らかな嘘でなくても、商談の場で相手に調子を合わせるため、その場限りのストーリーを話すのもNGです。

会うたびに話す内容が微妙に変わるような不誠実さは、マイナスでしかありません。一時しのぎのつくり話など、そのうち必ずバレてしまいます。そういった意味では、お客様と日々会う企業の営業担当者や販売担当者の一挙手一投足には、自社ブランドを貶める可能性も秘められていると自覚するべきです。

では、ストーリーとは何を伝えるためのものなのでしょうか。

それは、相手をその気にさせるだけでなく、会社が大切にしている大義や理念をわかりやすく浸透させ、共感してもらうためのツールだといえます。

会社の規模に関係なく、現在まで成長を続けてきた企業には、必ず「成長できた理由」があり、それこそが、企業としての大義です。

だからこそブランディングするためには、その大義を見直し、それをわかりやすいコンセプトと、伝えるためのストーリーに落とし込む必要があるのです。

また、後述しますが、ブランディングによって事業を成長させ、ブランド価値を向上させるためには、左図のようにアウターブランディングとインナーブランディングを実施していくことが大切となります。

▶ ブランディング実践の成功方程式

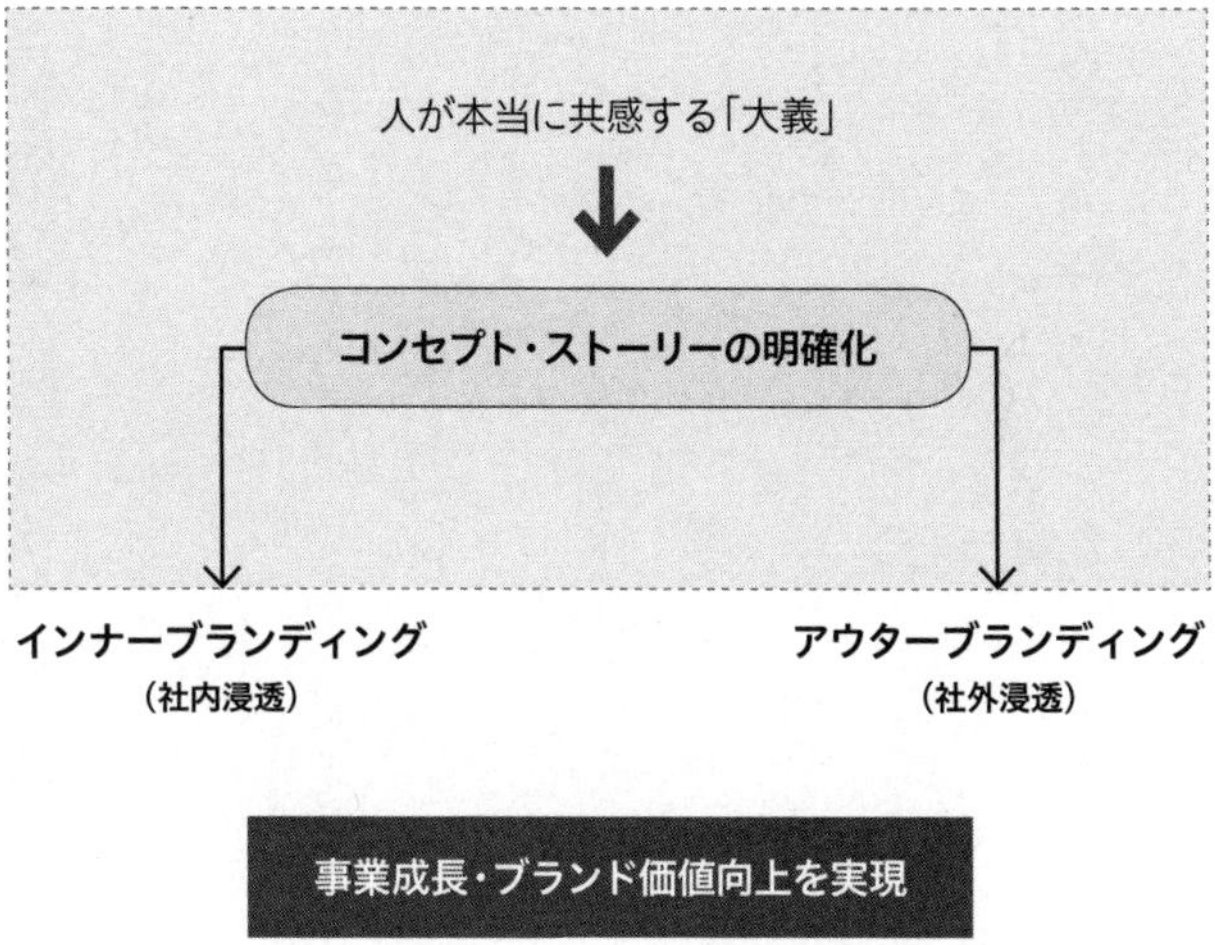

筋が通ったブレのないコンセプトとストーリーを

保育園を数多く経営する「ちとせ交友会」という社会福祉法人があります。

この「ちとせ交友会」が考える保育園の役割は、「子どもたちの〝いま〟を支え、未来のいきるチカラを育む場所」としています。

つまり、保育園で過ごす子どもたちの時間は、人間性や人格の基礎をつくり上げることにつながり、自分が何をしたいのか、それを実現するためにはどうしたらいいのかを考え、学びながら歩む姿勢を育むために役立つようにすべきだということになります。

そのために、同法人が打ち出しているコンセプトは、「考えさせるを、考える。」ということ。

これは、同法人の「これからの時代を支える、自律的な子どもを育てていきたい」という想いを、子どもを預かる保育士にも、子どもたちの親御さんたちにも共感してもらうためのものだといえます。

▶「ちとせ交友会」のカルチャーブック

打ち出しているコンセプトは、
「考えさせるを、考える。」ということ。
自律的な子どもの成長のために、保育士がまず
「どうしたら子どもに考えさせ、
新たな学びの場をつくれるか」を考え抜く
という方針をストーリーによって浸透させます。

また、「考えさせるを、考える。」というコンセプトには、同法人としての一貫したメッセージが込められており、保育士や親が、子どもに自ら考えさせるためにどうするのが最善か、常に考え、追求する姿勢を大切にしています。

たとえば、水道で蛇口をひねることや、コップに牛乳を注ぐことも、小さな子どもにとっては初体験。「ちとせ交友会」の保育士たちは、子どもから「学び」の時間を奪わないように、その初体験をそっと見守ります。はじめて蛇口をひねるとき、左右どちらにひねるのか、どれくらいひねれば水が出てくるのか、ひねりすぎると水が跳ねて友達にかかってしまうことも、すべて自分の目で確かめさせます。

もし水で床を濡らしてしまったら、ぞうきんで拭くという作業を、また新しくさせてあげればいいのです。それを手前で気づいた大人は、「蛇口はここまでしかひねっちゃダメ」と言って聞かせたくなるものですが、子どもの失敗を未然に防いでしまうことは、貴重な体験を奪うことにもなってしまいます。

子どもたちにとっては、大人にとっての当たり前がすべて、貴重な初体験、新たな学びなのです。

同法人は、保育士側の教育に最も力を入れています。保育士たちがまず「考える」ことを実践していることが何より大事です。保育士たちへの教育が行き届いていなければ、子どもたちへの教育方法にもブレが生じる可能性があるからです。ブランディング施策を通じて、子どもの大事な時期をそばで支える保育士たちの教育に力を入れ、コンセプトとストーリーの浸透を徹底しているのです。

結果として、同法人に子どもを預ける親御さんたちは、力強く活きる子どもの将来がイメージできるようです。

このように筋の通ったストーリーをつくることによって、内部である保育士も、外部である親御さんも、共通の意識を持つことが可能となり、お互いのミスマッチは起こりにくくなるのです。

ズレのない統一感で、仕事への「誇り」を生み出す

「誇り」は仕事のエネルギー源

企業理念から販促戦略までズレのない一貫したブランドストーリーは、社外にポジティブなイメージをもたらすだけではありません。社員にとっても自分が働く会社や仕事、商品・サービスに誇りを持ちやすくなるというメリットがあります。ブランディングがうまくいっている会社は、企業理念が浸透し、会社の大義に共感して、多くの社員が前向きに仕事に取り組むようになります。

しかしながらポストコロナ時代となった今、テレワークの実施や飲み会・交流会の自粛に伴い、社内でのコミュニケーションが激減することによって、理念の浸透や組織の強化が難しくなっています。このような

状況で、社員が自分の仕事に誇りを持つ機会も減っているのではないでしょうか。ましてやコロナ禍の中で入社してきた新人は、誇りや帰属意識を養う機会さえなかったといえるでしょう。

また、学生が会社を選ぶ基準で「社会貢献」や「やりがい」を重視している中、採用戦略の一環として、自社の大義を、社内外に訴求していくことは極めて重要なことです。

誇りを持てる環境づくりは、企業成長の急務といえます。

社員が「誇り」を持って行動に移すために必要なものは？

社員に自社への誇りを持ってもらうためには、会社が発信するメッセージや方向性を正しく理解することが前提となります。そのうえで、会社が示す考え方に共感し、会社と同じ方向を向いたとき、社員は一体感を覚え、「この会社で自分がしていること」に誇りを持ち、自社の大義を仕事で体現するようになるのです。一方、統一感のないブランドストーリーが蔓延すれば、社員は誇りを持つことができず、自身の仕事をないがしろにする可能性さえあります。しかし、社員が共感できる企業理念やビジョンをつくれている企業がどれほどあるでしょうか。つくれているといっても、そのほとんどは、「どこかで聞いたことがある」ような言葉の羅列で終わっているかもしれません。ありふれた言葉は覚えやすいかもしれませんが、その裏側に隠された会社の大切にする想いまで描くストーリーがなければ、社員の心に刺さらず、記憶にも残りません。

仮に、経営者の想いに根差した理念を構築できている会社であったとしても、伝えるべきポイントを社員に的確に伝えられているところはほとんどないのではないでしょうか。あなたの会社の社員は、企業理念に込められた想いや考え方を正確に説明できますか？　社員の間に浸透していない理念など、どれほど立派なものであっても絵に描いた餅であって、企業経営においてプラスにはなりません。だからこそ、社員が誤解することなく、会社が大切にしてきた想いや大義の理解を促進してくれるブランドストーリーが重要になってくるわけです。

納得感アップで、優秀社員の「定着率」を上げる

成長実感こそが定着率向上の鍵

企業の働きやすさを測る指標の一つとして「定着率」があります。これは入社した人のうち一定期間後に辞めずに残っている人の割合です。1年後に集計するか、3年後に集計するかは調査機関によって異なりますが、おおむね大企業に比べて中小企業のほうが低いのが現状です。

コロナ禍によって優秀な人材の確保が難しい昨今、せっかく採用した人には長く働き続けて欲しいのが企業の本音でしょう。中小企業庁のデータによると、企業側が定着に有効だと考える施策の上位は、労働時間の見直し、賃金の向上、休暇制度の徹底など、労働環境の改善に関す

るものが多くを占めていました。しかし、社員が考える人材定着に有効な取り組みは、少し傾向が異なります。もっとも多くの支持を集めた「興味にあった仕事・責任のある仕事の割当」は企業側が考える取り組みでも2番目にあがっていましたが、そのほかにも資格取得支援、技術やノウハウの見える化など、自身の成長につながる項目が上位に数多く入っていたのです。一方、定着促進施策として企業が真っ先にあげた「賃金の向上」は、9番目という低い結果でした。社員は、成長につながる取り組みを重視する傾向にあるので、1年後、3年後、5年後といったスパンでのキャリアアッププランを見せることが有効かもしれません。

自ら考え、決断する機会が大切

このことからも社員が会社に何を求めているのか、その一端を知ることができます。社員にとって重要なのは、その会社であれば、おもしろい仕事ができそうだと思えることであり、その会社で働くことで自分が

▶就業者から見た、人材定着に関する取り組みの有効性

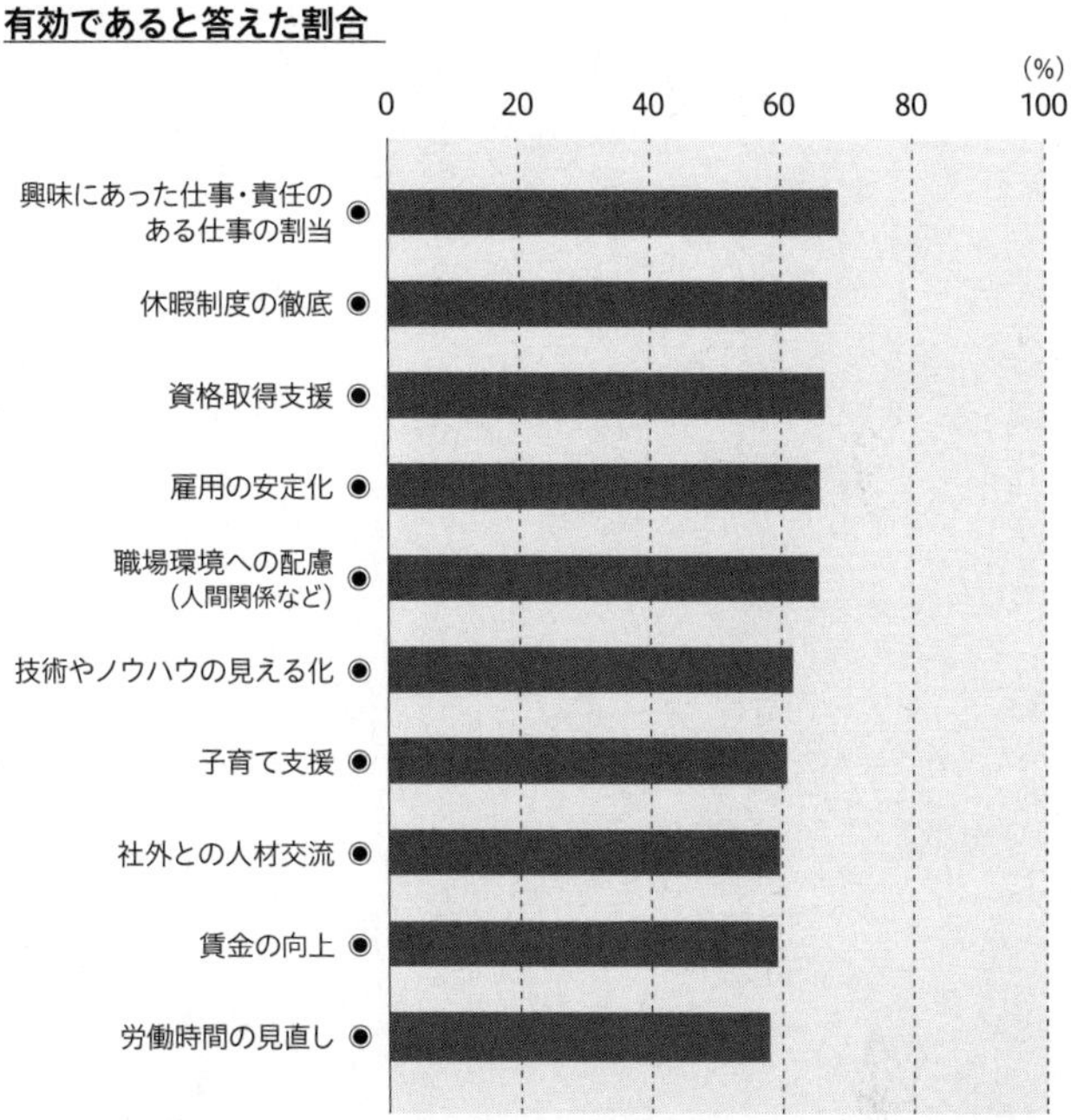

出典：中小企業庁委託『中小企業・小規模事業者の人材確保と育成に関する調査』
2014年12月、野村総研

成長できると実感できるかどうかなのです。私の感覚値ではありますが、この傾向は優秀な人材ほど強いように思います。では、どんな会社であれば、おもしろく働けると思いますか？　成長できると実感できるでしょうか？　肝心なのは、会社が成長するためにチャレンジを続けているかどうかです。チャレンジするためには、さまざまな人材の知恵を集結させる必要があります。そして、現場に可能な限り権限を与えて、スピード感を持って事業を展開していかなければなりません。

要するに、成長できる会社とは、自分の頭で考える仕事に携わる機会が多い会社だといえます。主体的に仕事に取り組むことで、仕事もおもしろくなっていきます。

しかし、成長できるからといって社員が好き勝手に動いては、企業成長にはつながりません。

そこで、会社の大義に根差した方向性をブランドストーリーで示すことによって、社員のベクトルをそろえ、一体感を醸成しながら社員のやる気を事業成長へと結びつけていくことが大切になります。

「魅力」をしっかり伝えて、欲しい人材の採用を！

企業の大義に共感する人を採用する

もう10年近く採用パンフレットや採用ホームページをつくり直していない……。そのような会社では、良い人材を採用するのが難しいかもしれません。仕事を探している人にとって、採用パンフレットや採用ホームページは、企業の印象に大きく影響する「顔」のようなものであり、企業としての考え方や目指す方向性を知る情報ツールです。魅力的なもの、目を通したいと思えるものでなければ、素通りされても仕方ありません。

その一方で、良い人材を採用したいがあまり、良く見せようと装飾しすぎたり、求職者受けのいい内容だけで構成したりするのも逆効果といえます。それは入社後に、「こんなはずではなかった」という後悔の原因になるからです。

今の時代、社会人1年生で仕事に関してほとんど固定観念のない新卒ですら、入社前後のイメージギャップから会社を辞めていくことが多いのです。ましてや、ある程度の仕事観や自分なりの仕事のスタイルができている中途採用となると、採用時の認識のズレが、その後の大きな致命傷にもなりかねません。

人材の採用から育成には1人当たり数百万円というコストがかかることを思えば、また、採用してもらうため企業研究や面接の準備に多くの時間を割いた求職者のことを思えば、お互いにとって不幸でしかないのです。

ありのままを、理解しやすく

採用時に重要なのは、自社が培ってきた魅力を求職者に向けて正しく提示することです。「正しく」とは、「過度な装飾や嘘、偽りを差し挟まずにありのままを相手が理解しやすいカタチで」ということです。

このポイントを間違えず、ブランドストーリーを通じて、会社の大義や価値観、ビジョンが社員の間に浸透していれば、あなたの会社の大切にする想いやビジョンに共感する人が入社してくれます。求職活動を通じて接する社員たちが、同じ想いや価値観で行動しているのを目の当たりにし、その想いに共感して入社することで、その後の離職率を下げることは可能なのです。

ブランディングによって自社の魅力をわかりやすく訴求できていれば、高い費用をかけて求職メディアを利用しなくても、自社ホームページや採用ツールだけで良い人材は採用できるようになります。

求職メディアに割く毎年のコストは、自社のストックにはならず、未来への投資とはいえません。従って、その依存度を薄め、自社のコンテンツ力と発信力を高めることは重要です。また、それを実行していくことが、自社の企業力を高めていくことにもつながるのです。

▶ 学卒就職者別 3年以内離職率

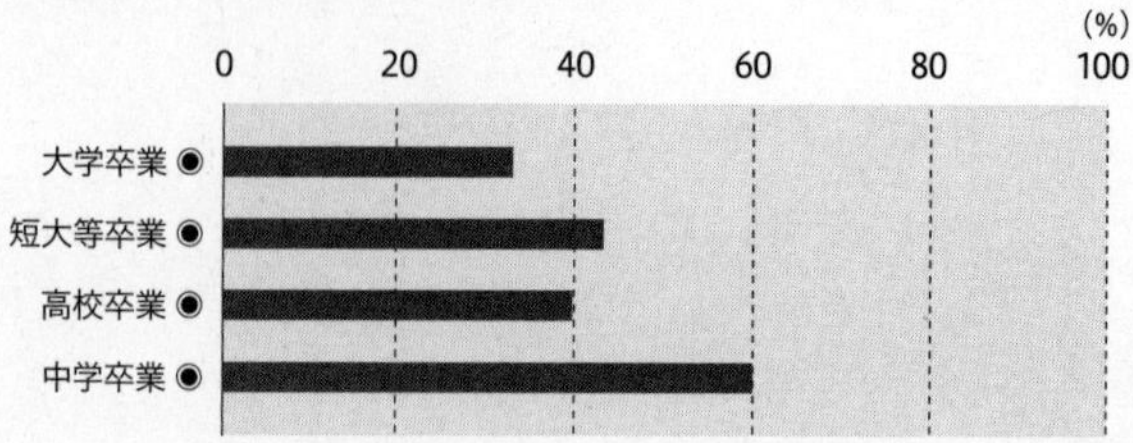

▶ 事業所規模別・学卒就職者別　3年以内離職率

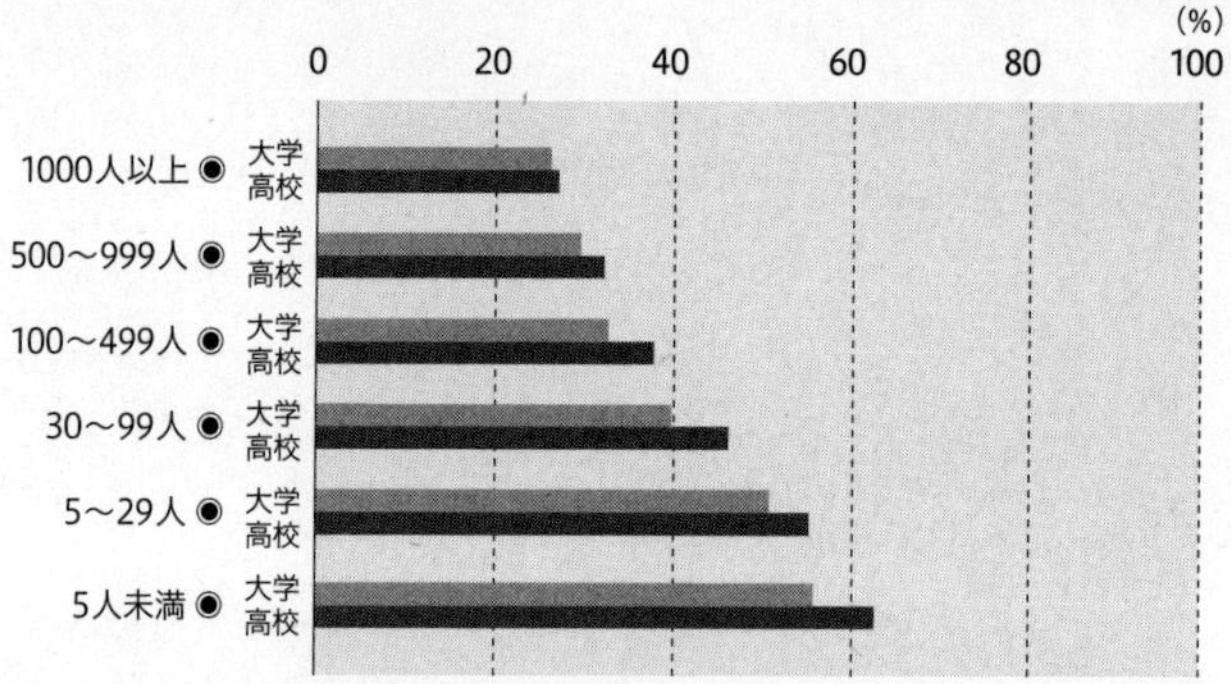

出典：厚生労働省『新規学卒就職者の離職状況（平成29年3月卒業者の状況）』2020年

いざ、グローバル。世界と戦うための究極の武器

ポイントは、いかに明確に、いかにわかりやすく伝えるか

日本企業が海外へ進出したときに立ちはだかる大きな壁の一つに、「伝える力」があります。日本は、昔から「あ・うん」の呼吸や以心伝心などといって、言葉にしなくても言外の意味を読み取る文化が根づいています。

コミュニティの中では、自然と空気を読んで、いさかいや問題が起こらないように動こうとします。これは日本独特の文化、日本人だからこそのなせるワザだといえるでしょう。

この文化自体は素晴らしいものだと思いますが、はっきり言って海外で同じやり方は通用しません。世界に出れば、さまざまな人種や民族が

おり、宗教や生活様式、言葉、商習慣も多種多様です。このような人たちが一つの国の中で共に生きていくために、互いに自分の考えを主張しながら理解を深め合ってきたという歴史があります。また、子どもの頃から学校教育においてディスカッションやディベートを学び、自分の考えを伝える訓練を何年にもわたって受けています。

彼らにとって、重要なこと、主張すべきことは「くみ取ってくれ」などと相手任せにするのではなく、明確に伝えることが当たり前なのです。だから、海外の人に企業理念やビジョンを伝え、価値観を理解してもらうには「わかりやすく」伝える手段が必要といえます。

日本流の細やかなルールを守ってもらうには、企業文化や価値観から伝えて「守る理由や背景」を理解してもらう必要があるのです。

想いや価値観に共感してもらえれば、日本も海外も大きな違いはありません。その会社で働く意味や意義を見出した社員は、モチベーション高く各々のミッションに取り組んでくれることでしょう。

海外進出した日本企業の中には、ローカルスタッフが定着しないことに「文化が違うから」とあきらめの声を上げるところがありますが、あきらめる前にわかりやすく伝える努力をしていただきたいのです。そのとき、ブランドストーリーが必ず役に立つはずです。

大義を中心に

情報化社会の進展によって、先行者優位の期間はどんどん短くなっています。同時にブランドの価値も常に進化させていかなければ陳腐化し、淘汰されていく時代です。

ビジネスが展開していくスピードが国内に比べて圧倒的に速いグローバル市場では、その傾向が一層強いものです。

それは、一つの商品やサービスの力だけでブランドを維持するのは難しいことを意味しています。一つヒット商品が出ても、何の手も講じなければ、あっという間に忘れ去られてしまうでしょう。

もちろん、各々の商品やサービスについて、お客様が利用する価値がどこにあるのかを問い続け、ブラッシュアップを重ねていくことは大切です。

しかし、それだけで満足するのではなく、トータルなブランド戦略に力を注ぐことが、より重要だと考えます。

トータルなブランド戦略とは、会社の大義を中心にして、人事評価制度や職場環境、商品・サービスなどすべてが連動しており、ブランドストーリーにもブレがないことです。

すでに触れましたが、技術が進歩し、情報があっという間に広まる現代では、商品・サービスの機能や内容だけで差別化することは難しくなっています。それはグローバル市場も同様であり、だからこそ、目に見えない付加価値を生み出すブランドの力とブランドストーリーに磨きをかけていく必要があるのです。

頭が痛い「事業承継」問題。そんな悩みもスムーズに

経営者個人に依存した力を会社のものに

日本はファミリービジネスの割合が非常に高く、約95%にもなるそうです。ファミリービジネスとは、創業者一族が経営を担っている、いわゆるオーナー企業のことです。このような会社において、よく見られる傾向が、事業運営から人事評価、社外ネットワーク、営業ノウハウなど「会社の財産」といえるものの多くが経営者個人に依存していることです。特に、創業者が実権を握っている企業は、この傾向が強いように感じます。

創業者が健在で最前線で活動している間は問題が表面化することはありませんが、事業承継するとなったとき経営者個人に依存している財産＝人的ネットワークや営業ノウハウなどをどうやって次代へ引き継ぐか

が大問題となります。承継にかかる負荷は大きなものになるでしょうし、受け継ぐまでの間、企業成長が停滞するというロスも発生します。

このような事態を回避する方法としても、ブランディングは有効に働き、会社の力を伸ばしてくれます。会社の価値を高める企業ブランディングを行うことで、個人に依存しているものを会社の財産として共有できるものにするわけです。会社という組織に力をつけ、若い社員も生き生きと働き、皆が自己の成長に結びつけているような会社であれば、採用という局面においても、求職者からの印象は格段に良くなり、競争力も向上します。

経済産業省と中小企業庁の試算によれば、現状を放置すると、後継者不足によって、2025年頃までに中小企業の約127万社が廃業・倒産の危機に直面し、累計で約650万人の雇用と約22兆円のGDPを失う恐れがあるそうです。

企業ブランディングとその浸透には年単位の時間が必要なため、もはや時間的猶予は少ないといえます。動くべきは今なのです。

事業承継はリブランディングの好機

事業承継の際、それまでの企業成長を支えてきた会社の大義や理念はしっかりと受け継ぐ必要があります。ただ、社内外に浸透させるための表現の仕方については、時代の変化に応じて変えていくべきです。大義という根は変えずに伝え方、見せ方などをその時代の人の心に響くものへ変えていくということになります。

経営者が変わる事業承継は、そのようなリブランディングに取り組む良い機会だと思います。リブランディングによって、あらためて企業の強みや弱点に気づくことができますし、社員を巻き込むことで、社員の間にどの程度ブランドが浸透しているのか確認することもできます。さらに、それを把握することによって適正なリブランディングを実施すれば、社員はもとより組織が強くなっていくのです。

Chapter 2

「ブランディング」とは何か？

企業100年計画の基礎の基礎。
これを知らなければ進めない……

そもそもブランディングとは
どのようなものなのか……、
それによって何が変わるのか……。
その基本的な考え方から役割までを
しっかりと理解しておけば、
ブランディングの必要性が把握できる！

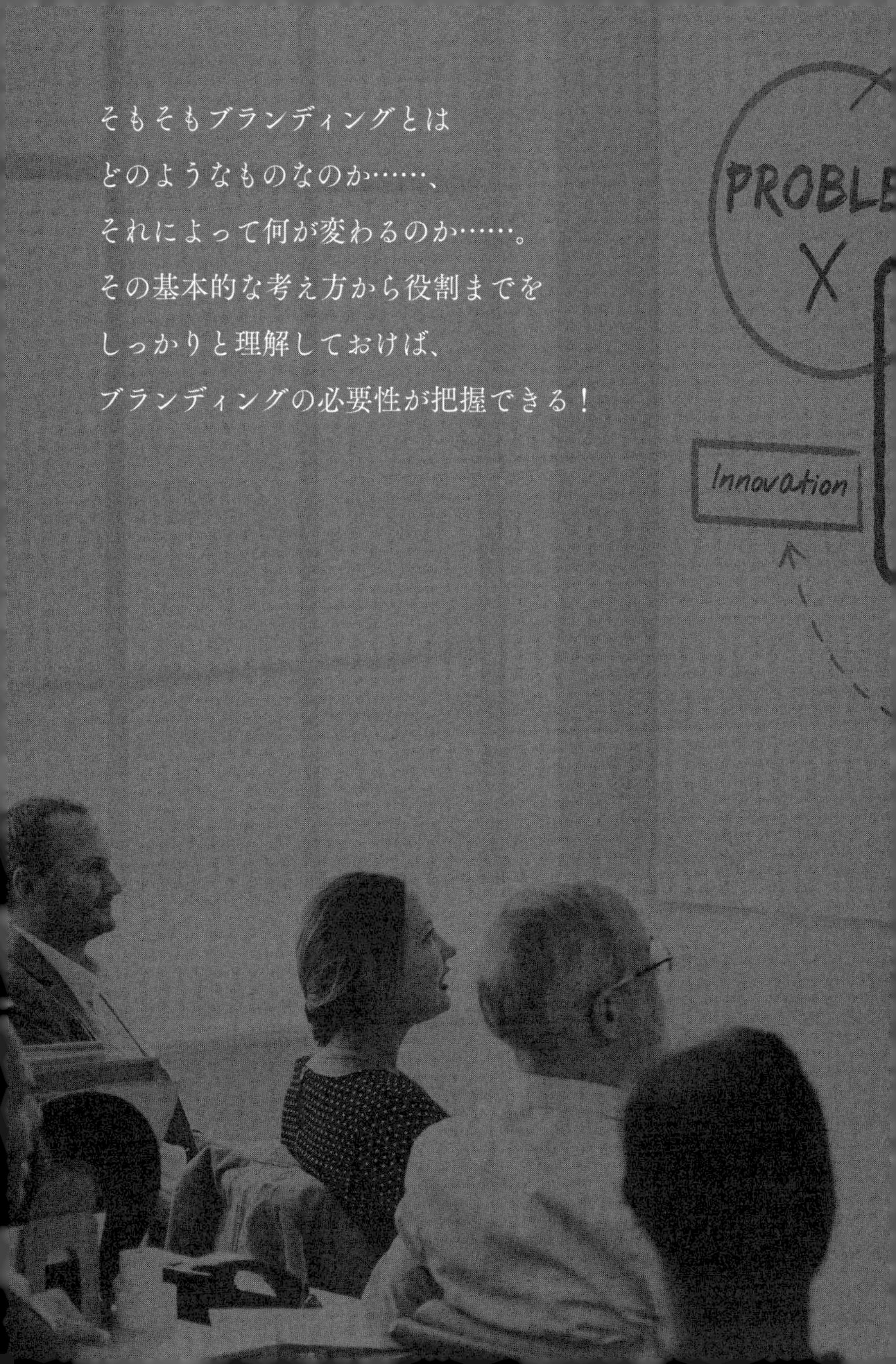

大義に共感し、「それ、いいね！」と言わせる魔法

相手に共感してもらうのがブランディングの本質

ブランドは、自社の働きかけによって生み出すもの――。その通りです。しかし、ブランドの価値を決めるのは発信している会社側ではなく、お客様だということを忘れてはいけません。

「ウチは信用ある会社です……」と自らが発信していくことと、相手に「なるほど、信用できる会社だ……」と認めてもらうことは、まったくの別物だからです。

ですから、自社が大切にしている想いを、一方的にお客様に伝えるだけでは不十分です。お客様にしっかりと理解してもらい、「それ、いいね！」と共感してもらうことができてこそ、はじめてブランディングに

成功したといえます。

そして、そのための最良の手段がブランドコンセプトとストーリーだということは、もう理解いただけたと思います。


ただ、ブランディングを語るうえで、忘れてはいけないことがあります。それは、ブランディングには二つの面があるということです。

一つは、「インナーブランディング（社内浸透）」。

もう一つが、「アウターブランディング（社外浸透）」となります。


インナーブランディングとは、会社の大義や企業理念などを社員それぞれに浸透させていく活動であり、社内での理解と実践を促すためのものです。

その浸透施策には、いろいろなものがあります。研修や日々の指導など直接的なものだけでなく、人事評価制度や職場環境づくりなど間接的なもののほか、商品開発の方向性や社会貢献活動など、一見、社外向けであっても、実は社員にも影響を及ぼす施策があります。特に商品開発については、その会社の考え方や価値観が如実に反映されるので注意が必要です。

一方、アウターブランディングとは、社外の人間に対する取り組みです。お客様はもちろん、取引先やパートナー企業なども対象に含まれます。こちらは主に、広報活動や広告によってブランドの浸透を図っていくことになります。

想像以上に重要なインナーブランディング

この二つのブランディングが両輪となって支えにならないと、ブランドの浸透効果は中途半端なものになってしまいます。いや、場合によっては悪影響を及ぼすことすらあります。

見逃しがちなのがインナーブランディングのほうで、たとえばこれが不十分で会社の方針を理解できていないスタッフが横柄な対応をしていたら、お客様は間違いなく嫌な印象を持つものです。

もしかしたら、その一度の印象だけで、その会社や店を使わなくなるかもしれません。

このように、ブランドをカタチづくっているものは、会社につながるすべてのモノやコトが対象です。いくら良いメッセージを発信していても、その想いが社員に浸透していなければ、すべてをぶち壊してしまう可能性があるわけです。

そして、社員がマニュアルを守ろうと思うかどうかは、その会社で働くことに意味を見出しているかどうかに関わっています。こういった、働く意味や意義を社員に伝える活動がインナーブランディングなのです。

こう説明すれば、インナーブランディングをしっかり行うことの重要性がわかっていただけると思います。

一連の流れに一貫性を持たせて浸透させていく

大義への誇りが原動力

企業が成長するには、必ず理由があります。売上が数十億円ある企業には数十億円分の、数百億円なら数百億円分の金額をお客様が払うだけの「価値」が必ずあるはずです。

その価値の根本には、創業以来、脈々と受け継いできたスピリットがあるかもしれません。また、素晴らしい考え方や想いもあるかもしれません。創業者の経営哲学という場合もあるでしょう。そのありようは会社によって異なりますが、この根幹となる想いこそが、あなたの会社の大義であり、存在意義なのです。

お客様がお金を払うだけの価値を見出しているわけですから、当然、他社にはない部分が含まれています。言い換えれば、あなたの会社にしかない武器が潜んでいるはずなのです。

コンセプトとストーリーとは、この会社の大義を社内外に伝えやすくするために言葉にまとめたものです。

ただその際、伝えやすさにこだわりすぎた結果、往々にして「信頼」や「お客様と社員の幸せ」といった、どこにでもあるようなありふれた表現になってしまうことがあります。しかし本来、その裏には、長年築き上げてきた、ひと言では言い尽くせないさまざまな想いが込められているはずです。

ブランドコンセプトが持つ力が色あせないために

企業を発展させるほどの力を秘めている大義ですが、どこにでもある言葉の力だけでは、心に響くことはありません。だからこそ、ブランディングが必要であり、秀逸なブランドストーリーを構築する意味があるのです。

ブランディングには、この企業成長の原動力といえる大義を言語化するところから、ストーリーに仕立てて伝えていくまでのすべてが含まれています。

変わることのない企業の大義と、これから自分たちが社会に対して果たすべき役割とをすり合わせてつくるのがビジョンとミッションであり、経営戦略とはビジョンとミッションを達成するための手順書のようなものです。

そして、企業が掲げるビジョンやミッションをお客様にもっとも近い場所で体現しているのが社員ということになります。

この一連の流れに一貫性を持たせて、社内外に浸透するまで途中で投げ出すことなく続けていくことがブランディングです。

それは、あなたの会社にしかできない仕事を追求していくことでもあり、大義が持つ力を発揮できるように、時代の変化に合わせて言語化や伝え方を練っていく努力だともいえます。

社員にとっての判断基準、会社の方向性を指し示す軸に

その価値観に社員は立ち返る

ビジネスでは、日々さまざまな決断の岐路に立たされます。その重要度が高まるほど社員は正しい判断が何なのか迷い、答えにつながるヒントを求めます。そんなとき、大義に根差したブランドコンセプトとストーリーが社内に浸透していれば、社員はその価値観に立ち返ることができます。

何を大切にすればいいのか、何を優先すべきなのか……。社員はコンセプトとストーリーを判断基準にすることができるのです。

たとえば、企業がある程度大きくなると、セクションにわかれて事業に取り組むようになります。それに従い、全体最適な発想が難しくな

り、自分が所属するセクションを優先してしまう、部分最適な考え方が広がっていきがちです。これが問題の火種になります。

AとBという二つの部署が、C社の別々の部門とお付き合いしていたとしましょう。ところが、新たなプロジェクトではC社の複数部門が連携することになり、このままではA部署とB部署でカニバリゼーションが発生してしまう……。このように、同じ会社の部署でありながら利害が対立することは、それほど珍しいことではありません。

しかし、大義に根差した共通の価値観が浸透していれば、そこを基準に判断をくだすことができます。

お客様の利益を最優先するのか、自社の成長を優先するのか、または別の基準で決めるのか。いずれにしても決断に対する部署同士の対立は最小限に抑えられます。

なぜなら、ブランディングによって会社が目指していく方向性を社員が共有し、同じ方向を向くことができているからです。そして、判断に迷ったとき、みんなが立ち返るべき軸が明確になっているからお互いに説得しやすく、自分自身を納得させやすくもなっていきます。

ブランディングは組織も変える

大義が会社に浸透していると、組織に柔軟性が生まれます。

企業が成長し続けるには時代の要請に応じて、事業戦略や仕事の仕方を柔軟に変えていかなければなりません。10年前とは、仕事のやり方もスピード感もまったく違ったものになっているのに、10年前と同じやり方をしていては通用するはずがないからです。

当然、変化が求められるわけですが、人というものは慣れ親しんだ現状を変えることに消極的な生き物なので、「変われ」とトップダウンで言われても、どうすればいいかわからなければ、そうそう動けるものではありません。でも、ブランディングによって会社が目指すべき方向性を共有できていれば、話は別です。どう変わればいいのかを考える軸があるので、現状を変えることへのハードルを低くすることができます。

ロゴやデザインの変更だけでは、ブランディングとはいえない

デザイン＝ブランディングという時代は終わった

一昔前、ブランド構築とは、ロゴを刷新したり、デザインを変更したりすることと、ほぼ同義でした。ブランディングというものが、それほど浸透していなかった時代であれば、それで十分だったかもしれません。ロゴは、そのデザイン性によって企業イメージを視覚的に印象づける効果がありますので、差別化の一つの要素になるのは間違いないからです。企業を認知してもらうという意味では効果的だといえます。

しかし、今は違います。

一社独占のビジネスなど、ほぼ存在しません。新しいビジネスが生まれても、すぐに他社が追随してきます。常に競合との熾烈な競争にさら

されるため、社名だけ思い出してもらえても、たいした差別化にはなりません。社名と一緒に、競合の中から選ばれるに足るイメージまで想起してもらえなければ、選ばれないからです。

表面的なブランディングでは終わらない

「スターバックスコーヒー」はこれまでロゴデザインを3回変更しています。ギリシャ神話に登場するセイレーンをモチーフにした基本デザインは変わっていませんが、変更するたびに絵から記号化されたものへと簡素化され、2011年から使われているロゴでは、「STARBUCKS COFFEE」の文字も消えました。

同社ほどブランドが浸透している企業であれば、わざわざロゴを変える必要などないと思うかもしれません。世界中に店舗があり、ロゴが入った備品を数多く使用しているので、ロゴを変えるだけでも莫大な額の投資が必要ですし、ロゴを変えたことで、せっかく築き上げたブランドに悪影響を及ぼす危険性だってあります。実際、2011年の変更では、反対の声もかなりあったようです。

しかし、このロゴ変更後、同社はワインなどのお酒を提供する店舗を出店しています。これは、「サードプレイス＝家庭、職場・学校に次ぐ第三の生活拠点をつくる」というコンセプトに基づいた事業戦略なのでしょう。

ここからは私見になりますが、もし、ロゴに「COFFEE」の文字が残っていたらどうでしょうか。

コーヒーショップという印象が強すぎて、新たな事業の浸透を阻害するかもしれません。もう少し言えば、ロゴデザインを変えることで「サードプレイス」というコンセプトを一層推し進めていくという意思表示をしたのかもしれないと思うのです。

このようにブランディングとは、理念や事業戦略などと密接に結びついているもので、ロゴやデザインといった表面的なものだけをいじってどうにかなるといった類いのものではないのです。

社員の心を打つ！信じられる「ブランド」をつくり上げる

徹底したインナーブランディングが鍵

人はどんなに自分を繕おうと思っても、どこかでボロが出るものです。友人に話を合わせようとして、たいして興味もない話題なのに、さも興味があるかのように会話に参加しても、言葉のチョイスや自信なさそうな表情などから、相手にはバレてしまいます。ビジネスも一緒です。商品の性能を信じ切れていない営業が、いくら商品をアピールしても、相手の心を打つことはできません。自信なさそうに話す経営コンサルタントに会社の未来を託そうと思わないのと、まさに一緒です。

人が相手に何かを伝えようとするときは、言葉だけでなく、声のトーンや表情、身振り手振りなどすべてを駆使します。相手もそういったもののすべてを五感で感じとりながら、信頼できる相手か、信用できる話かどうかを見極めようとします。だから、伝えようとする人が心から信じていない限り、相手はどこからか漂う不安や偽りの匂いを感じとってしまうのだと思います。

これはブランディングにも同じことがいえます。ブランドコンセプトやストーリーと事業戦略がズレていたら社員は会社の方針を信じることができません。「社員の幸せを大切にします」と謳っておきながら、毎月残業が200時間を超える会社を信じようとはしないでしょう。女性が働きやすい職場環境づくりに力を入れているはずなのに、女性役員どころか女性管理職すら一人もいないというのでは会社に不信感を抱くはずです。そのような企業の社員が、社外に、自社のポジティブなイメージなど広められるわけはありません。従ってブランディングにおいて最初のターゲットは、社員と考えるべきです。

つまり、ブランディングを成功させていくためには、インナーブランディングを、どれだけしっかりやり遂げるかが非常に重要なのです。

社員の心を打つ、わかりやすい言葉を

では、心を打つコンセプトとストーリーとは、どういうものなのでしょうか。おそらく、創業当時から掲げてきた企業理念などは、経営者がつくったものがほとんどでしょう。

しかし、それが経営者にしか理解できない言葉になっていないでしょうか。経営者というものは、さまざまな勉強会やセミナーで学んだ知識や、会社を経営していくうえで得た教訓など、社員には想像もつかないほど多くのことを学んでいます。そういったバックグラウンドがあってはじめてわかる考え方や価値観に基づいてつくられた企業理念では、社員の心にそのまま届けるのは難しいでしょう。社員にとっては、社長室に飾ってある言葉といった認識でしかないかもしれません。

ブランドコンセプトとストーリーは、会社の大義を社員たちに理解しやすく翻訳したものでなければなりません。ですから、経営者一人の想いではなく、客観的な視点を入れてつくるべきなのです。

10年後、20年後、30年後……、勝ち残るための「投資」とする

常に若い世代のファンを！

かつて一世を風靡した人気企業が時代とともに衰退していく……。私たちが何度も目にしてきたことですが、その理由について考えたことはありますか。時代のニーズとズレてきたから？　資金調達に失敗したから？　次のヒット商品が出なかったから？　要因はいろいろ考えられますが、結局のところ、10年後、20年後を見据えながら戦略を練り、実行してこなかったからではないでしょうか。商品やサービスの需要は一過性のものなので、そんな先まで見通すのは難しいでしょう。しかし、先を見越して人材を採用し、育てることはできます。そして、ブランディングによって、社員のモチベーションや仕事への誇りを伸ばすことも、

自社のファンを増やすこともできるはずです。

企業は、常に若い世代のファンを獲得し続けなければなりません。それができなければ、ファンの高齢化とともに企業の寿命も短くなっていきます。もしかしたら、今の「大相撲」が、そんな状態かもしれません。伝統を重んじて、現状維持に甘んじていては、変化に対応できないでしょう。若いファンを獲得するためには、その世代に響く何かを発信する必要があります。会社でいえば、若い世代に「この会社で仕事をしたい」という動機を持たせることになります。常に次代を見据えてブランディングしていくことが、会社を活性化させていくことになるのです。

未来への投資

経営者の中には、「自分が社長をしている5年間くらいなら、このまま好業績が続きそうだから、現状維持でいい」と考えている人もいるでしょう。しかし現在は、ビジネスの進展するスピードが驚くほど速くなっています。ITをはじめとした技術の進歩や生産性向上に対する意識の高まりは、ビジネスのスピードを根底から変えました。ましてや、ポストコロナ時代となっているのです。このような時代を生き抜くには、社内においては会社が掲げる方向性にコミットした社員を育て、社外には会社を支持してくれるファンを育てる必要があります。それはお客様というだけでなく、「この会社のテイストが好き」「考え方が好き」と絶えず採用の門を叩いてくれる社員予備軍を育てることにもなります。多くの企業がリブランディングに巨額の投資ができるのは、将来、勝ち残っていくために必要だと確信しているからです。カタチのないものに投資しようとすると、社内から反発も出るでしょう。「それ、本当に成功するのか」と詰め寄られるかもしれません。ブランディングの効果が出るまでには時間がかかります。しかし、コンセプト・ストーリーの策定や社内の人材教育、評価制度といった無形資産への投資は、未来への投資なのです。

この決断のできない会社は、将来、生き残っていくのが難しい時代になったと私は考えます。

「この会社でもっと働きたい！」その動機づけこそが……

好奇心が仕事への姿勢を変える

好奇心は、人を積極的にさせます。普段おとなしい人が、趣味のこととなると、とたんに積極的になったりします。仕事も同じです。好奇心を持って仕事に取り組んでいる人は、常に、どうすればもっと良くなるのかを考えています。試したいことが思い浮かべば、やらせてもらえないかと何らかのカタチで自分の意見を発信します。

当然、会社組織ですから上司・部下、先輩・後輩などさまざまな関係性があり、遠慮する気持ちも生まれてくるものですが、好奇心は、そのハードルを難なく越えさせてくれます。

好奇心は、やりたい仕事、取り組んでいて楽しい仕事、やることに意義を見出している仕事だから生まれてくるものです。これらは、ブランディングによって生み出すことができるものです。会社の将来性を示し、仕事への誇りを感じさせることで、「それをする意味」を社員が持てれば、会社で力を発揮することの動機づけになるはずです。

成長を促す3条件

人の成長を促すには、その人の能力を少し上回るミッションを与えることだといいます。これは心理学における調査でも実証されている理論のようで、現状、さまざまな人材育成メニューの中にも取り入れられています。この条件であれば、育てたいと思う社員のことをよく知っている直属の上司が、その社員に合った的確なミッションを設定さえすれば、それほど難しいことではないと思います。また、この理論では、「成長」という成果を現実のものとするには、ミッションのレベル設定だけでなく、取り組む本人の「挑戦への意欲」と「目標」も不可欠だとされています。

ただ、これればかりは当人の内面から湧き出るものなので、上司だけの力ではどうしようもないことだといえます。

しかし、ブランディングを行うことで、目標を共有し、社員の中に挑戦への意欲を芽生えさせることができます。大義から導き出したブランドコンセプトとストーリー、企業理念と連動したミッションなどは、社員に目指すべき方向性を示すことになります。その方向性に社員が共感していれば、目標実現に向かって、自分ができることに挑戦していこうという意欲が湧くのです。

「ミッションレベル」「目標」「挑戦への意欲」という3条件が整い、成長を実感できた社員は、働くことへの充実感を抱きます。そこからさらに、人事評価によって社員のモチベーションを後押しすれば、会社で働く理由をつくり出すことができるはずです。

つまり、ブランディングとは、社員一人ひとりが持っている力を引き出して束にし、会社が描く未来像へ向かって力強く進んでいく推進力を生み出す装置のようなものだといえます。

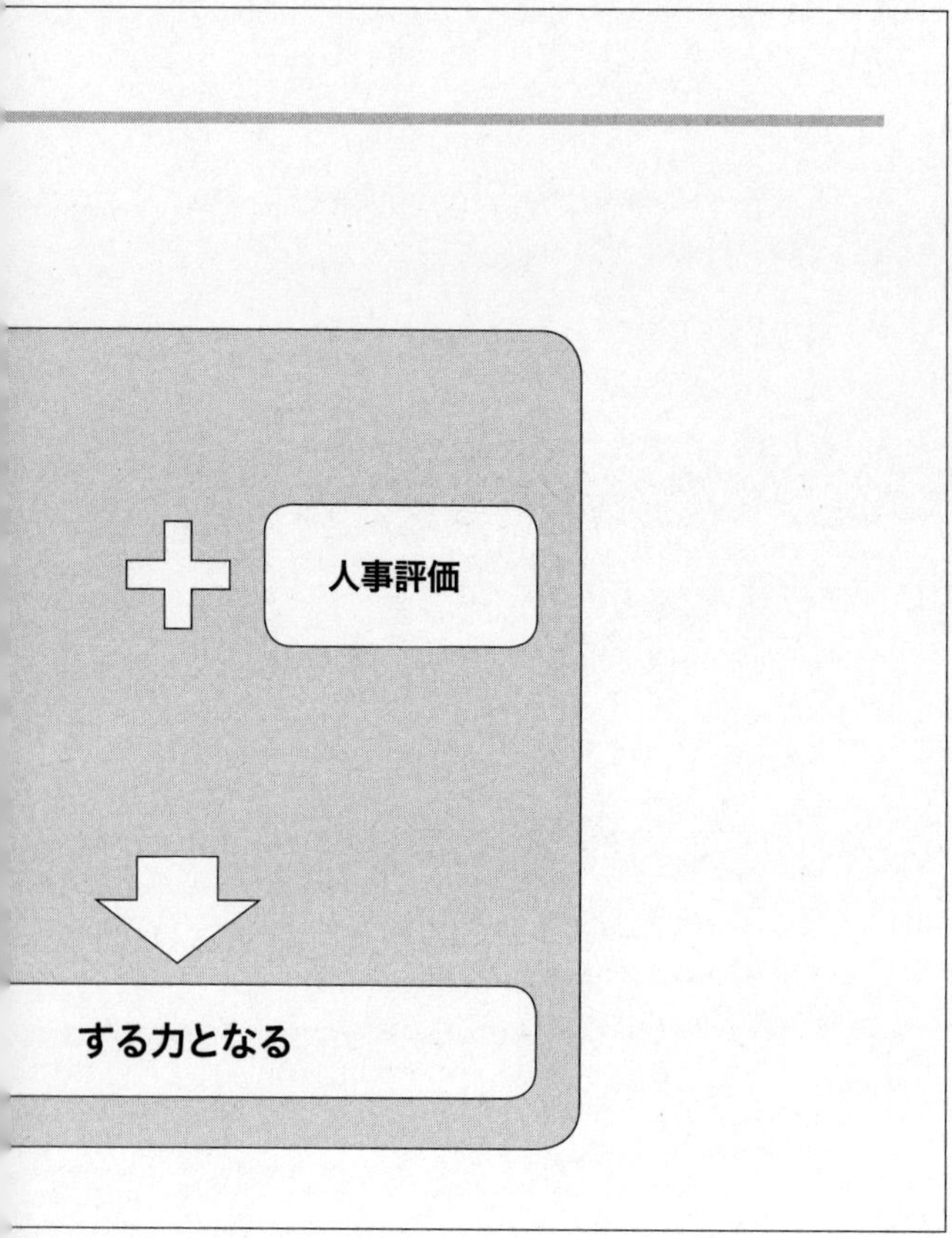
人事評価
する力となる

▶ブランディングとは？

**社員の成長を促す3条件に人事評価を合わせ、
会社の描く未来への推進力にすること**

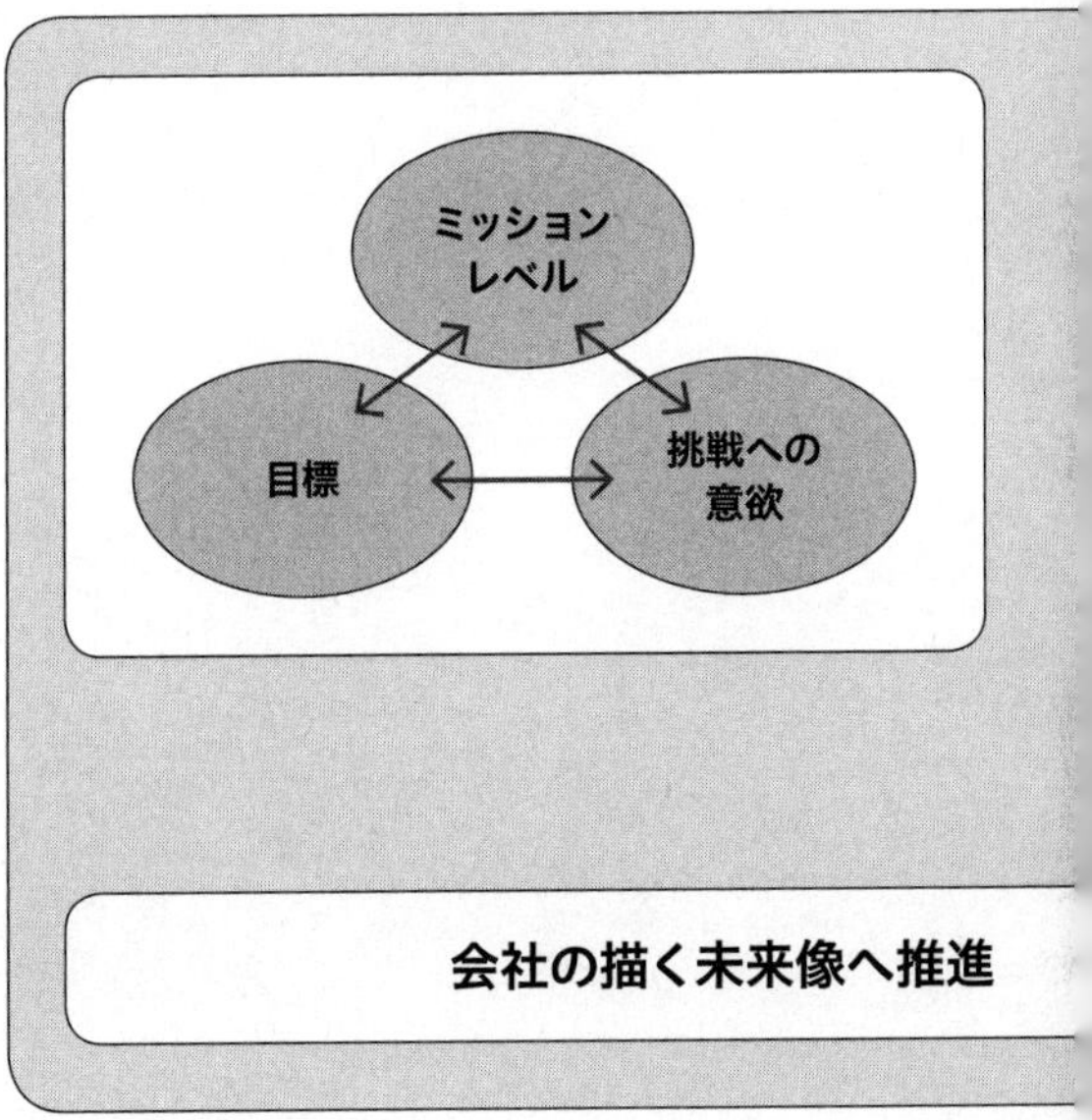

Chapter 3

「ブランディング」実践のススメ！

経営者の判断が、
会社の運命を左右する……

ブランディングの基本を理解したら、
次は、その実践。
ブランディングによって解決できる課題とは……。
そのポイントはどこにあるのか……。
会社の将来を見据えながら
前へと進むべき道を、今こそ考える！

「企業価値」を上げるか？下げるか？すべては社員にかかっている

社員の行動が企業価値を決める

私は、インナーブランディングをしっかりと行うことの重要性を繰り返し述べています。

その理由は、社員こそが自社に対するイメージを決めてしまうからです。いや、社員だけではありません。契約社員や派遣社員、パートやアルバイトも含めた従業員のほか、業務委託先やパートナー企業など、会社の看板を背負って、お客様と接するすべての人が、会社のイメージを上げることもできるし、下げてしまうこともあります。

事実、多くのマーケティング調査でも、生活者は、その企業の経営者や、その会社に関するメディア報道ではなく、「社員」からその企業をイメージしていると答えています。

ちょっと想像してみれば、それは当たり前のことだと気づくはずです。ショップの販売スタッフの態度が悪ければ、その店だけでなく、そのブランドへの印象も低下します。飲食チェーン店で気分の悪くなる接客をされれば、そのチェーン店を利用しなくなったりもします。伸び盛りの飲食店が急速に店舗を拡大していったため、スタッフの育成が間に合わず悪評が立ってしまうといったことは、よくあることです。


たとえばポストコロナ時代、感染予防マスクは必需品で、さまざまな企業が開発・製造販売をしています。あるアパレル会社も自社の持っている技術を利用して感染予防マスクを開発し、自社の直営店で販売をはじめました。ところが、その直営店に勤める販売員は、その、自社開発の感染予防マスクを付けず、他社製のものを付けていたそうです。

自社の販売員が付けない、そんなアパレル会社の感染予防マスクを買いたいと思いますか？　私なら、購入することをためらってしまいます。

このように、社員の行動がお客様にとっての「企業価値」「商品・サービス価値」を決めてしまうのです。

インナーブランディングの範囲

ブランドの伝道者には、社員だけでなくアルバイトや業務委託先も含まれているのに、そこまで徹底してインナーブランディングを実施している企業は一握りなのではないでしょうか。

その好例といえるのが、「星野リゾート」でしょう。

体験型リゾートとして絶大な人気を誇る「星野リゾート」では、フラットな組織づくりを推進して、そこで働く人全員に「経営者の視点」を持って欲しいと願っています。そのために、それぞれの旅館の売上や稼働率、顧客満足度をオープンにして、スタッフ一人ひとりが状況を理解したうえで、発想して、判断し、行動できるように導いています。つまり、スタッフの「自立化」を目指しているのでしょう。また、一人ひとりが自立すれば、チームとしての役割も理解できるようになり、より良いコミュニケーションができるようになるとしています。

もちろん、パートやアルバイトにも厚い研修を実施して、「星野リゾート」としての「おもてなし」のレベルアップに努めています。

こうして育てていく人材は、「星野リゾート」のホテル・旅館のスタッフとして、お客様が喜ぶ「おもてなし」を、日々、革新できるようになり、ホスピタリティのプロフェッショナルとなっていくのです。

そして、お客様をもてなすスタッフ全員が、「星野リゾート」の「大義」の表現者としての誇りを持って行動しています。それができるのは、「星野リゾート」が、ブランドに影響するのは誰かということを正確に理解して、人材育成に本気で投資しているからです。

インナーブランディングを行う際は、徹底すること。中途半端な実施は、失敗につながるだけです。自社のブランドをつくり上げるのは、お客様や取引先と接するすべてと考えるようにしましょう。

社長と社員は、時間軸が異なる。それを理解してから進めていく

経営者と社員では見ている風景が違う

経営者の中には、お題目を掲げれば、社員がみんな同じ方向を向くと錯覚している人がいます。企業理念と行動指針をオフィス内の壁に貼り、毎日、朝礼のときに復唱することは、言葉を暗記するには効果がありますが、本来の目的はその内容を理解し、実践してもらうことのはずです。

経営者は、常に会社が存続・発展していくためにどうすればいいのかを考えています。3年後、5年後、10年後を見据えながら、逆算して今何をすべきか見出すために、人的ネットワークを広げ、セミナーや経営者同士の懇親会などに参加して知識を更新する方もいるでしょう。

一方、社員はそれぞれ与えられたミッションをクリアするために、頭

を使い手足を動かしています。彼らが見ている視界は、経営者に比べれば、ずっと狭いものなのです。それが良い悪いではなく、そこに焦点を合わせなければ、日々の業務を前へ進めていくことができないからだといえます。

つまり、経営者と社員では、そもそもの目線が異なるのです。

経営者が企業理念や行動指針として掲げたものからくみ取れるものと、社員がくみ取れるものには、差が出て当たり前なのです。経営者は、「社員は、自分自身とはまったくの別人格なのだ」と、しっかり認識する必要があります。

また、命令によって遵守するよう求めることにも限界があります。表面上はさておき、命令に従う人は一部に限られます。その一部のうち、100％実践できるのは、さらに一握りの人でしかありません。心から守ろうと思っていない限り、命令の効力は時間の経過とともに薄れていくものです。

だからこそ、ブランドストーリーなのです。経営者が考えていること、描いている未来を浸透させるには、理解し、共感できる物語が必要です。

社員の力を活かす企業経営の実践を

社長のワンマン経営ですべてのことがトップダウンで決まっていく会社は、社長の器の限界が会社の限界になってしまいます。それ以上に成長するためには、自分より優秀な社員、賢い社員の力を結集し組織として活動していくしかありません。

経営者と社員が別人格であるということは、当たり前ですが、持っている能力や強み、弱みも違うということです。

ある能力については、もしくはある作業については、社長を上回っているという社員が、社内にはいくらでもいるはずです。ブランディングを行うことで、そのような社員の力を、さらに活かそうとする企業経営を実践することも可能です。

会社に誇りを持てるように、社員教育に力を注ぐ

教育こそが社員を変える

社員は、会社を映し出す鏡です。会社が教えた内容以上のことを自ら考え実行してくれるような優秀な人材は少数であり、圧倒的多数は、会社が教えたことをそのまま実践しようとします。もちろん下位1割ほどは、教えたことの何分の一しか実行しようとしませんが……。

こうした圧倒的多数の社員も、会社の「人材」として戦力化してこそ、強い企業に進化することができます。そのためには、インナーブランディングによって、会社のコンセプトやストーリーに共感させ、自ら考えて動けるようにしていく必要があります。

インナーブランディングに成功した企業の一つに「オタフクソース」が

あります。戦後、広島のいちソースメーカーからスタートして、今や全国のお好み焼き店の約半数で使われるまでに成長している優良企業です。

あるとき、同社の社員に、「どこのお好み焼き店がおいしいですか？」と尋ねたことがあります。でも、返答は「お答えできません」というもの。お好み焼きのソースをつくっているメーカーだから、さぞや詳しいだろうと思いましたし、公に宣伝するわけでも、周りにお好み焼き店の人がいるわけでもありません。ちょっとした雑談でのことなので、差し支えないだろうと思ったのですが……。

お好み焼きソースメーカーとして後発だった同社は、お好み焼き店を地道に回り、商品改良のヒントや販売のヒントをもらいながら成長してきたという歴史があります。社員は、社員教育などを通じてこのことを理解し、お好み焼き店に尊敬と感謝の念を抱いているからこそ、お店に優劣をつけるようなことはできないと断ったのだと思います。

インナーブランディングによって、社員は会社や自分の仕事に対して、これほどまで誇りを持てるようになるのです。

社員教育にはお金と手間がかかるもの

多くの企業が研修の中で、会社の歴史や理念について教えているはずです。それが伝わっていないのは、理念そのものがわかりにくかったり、それを伝えやすくするためのブランドストーリーがなかったり、その構成を練り切れていなかったりするからかもしれません。

また、インナーブランディングは、研修だけで達成できるものでもありません。日々の朝礼や現場での指導においても一貫性のあるメッセージを発信していくことが欠かせませんし、人事評価制度も連動したものにつくりかえなければならないでしょう。ブランディングのための準備がひと通り整ったあとも、定期的に浸透具合を確かめ、状況に応じてアップデートしていくことも必要になります。

インナーブランディングを通じて社員を育成するには、資金も手間も、時間もかかるものなのです。それは後継者の育成も一緒です。事業承継の段階になって後継者がいないと慌てても仕方ありません。後継者がいないのは、時間をかけて後継者を育成するために投資をしてこなかった経営者の責任なのです。

就職先は、「人」を見て決めている

入社間もない社員に話を聞くと、多くの人が最終的な入社の決め手は「人」だったと話します。

面接のときに対応してくれた人事部員の人柄が良かった、OB訪問で会った先輩が楽しそうに働いていた、面接中、自然体で話せたなど、出会った人に、何らかのインスピレーションを感じて、この会社ならやっていけそうだと思えたことが大きかったというのです。

人は、自分の考え方や性格など共通したところのある人に親近感を抱きやすいものです。そして、社員は会社を映し出す鏡ですから、人事戦略としてそれまでの社風と異質なタイプの人材を採用しようと頑張っても、結局入社してくるのは同じようなタイプの人だったというオチになりがちです。

仕事に対する取り組み姿勢は事業内容などともリンクしてくるようで、ルーティンワーク中心の企業であれば、変化よりも同じことをコツコツ積み上げていくのを得意とする人が集まってきたりします。逆に、変化を楽しめる人材を採用したければ、会社自体に変化をチャンスと捉える風土や新しいことに挑戦できる機会を醸成する必要があります。

格好悪さも伝染する

働くことに対する低い価値観を持っている者同士は、集まりやすいものです。「仕事は生活費を稼ぐためだけにするもので必要最低限のことだけしていればいい」と思っている人の周りには、同じような考えの人が吸い寄せられてきます。このような働き方をしたいと考えるのは本人の自由なので何か言うつもりはありません。

ただ企業としては、社員にもっと前向きに仕事に取り組んでもらいたいというのが本音でしょう。とはいえ、お金に対する不満をいつも言っていたり、できないことの言い訳などネガティブなことばかり口にしたり……、そんな格好の悪い人のところには、やはり格好悪い人が集まってきてしまうのです。

しかしながら、人事異動によってこれを防ごうとすると、かえって悪い結果を招いてしまうこともあります。人は基本的に自分に甘い生き物ですから、すぐ近くで楽に働いている社員、気ままに仕事をしている社員がいれば、そちらに惹かれていってしまいがちだからです。

根本からこの流れを断ち切り、改善していくには、ブランディングによって会社の大義や行動指針の浸透を促進し、社員の意識から変えていくほうが、遠回りのようで一番の近道なのかもしれません。

社員自身が働く意味を見出し、仕事に対して前向きに取り組めるようになれば、その姿に共感する人たちが集まってくるようになります。どうせ、「類は友を呼ぶ」のであれば、少しでも会社の考え方に共感してくれる人を集めたほうが会社の力になるはずです。

この時代、お金だけでは社員を引き止められない……

お金がもたらす満足は低いものでしかない

お金に関するおもしろい調査結果があります。それは、年収が一定額を超えると満足感がほとんど上がらなくなるというものです。その額は500万円であったり、800万円であったりと、調査によって多少のバラつきはありますが、ある金額を境に満足度がガクッと下がるところは共通しています。経済的に豊かな国の幸福度が、実はそれほど高くないというデータもあります。2020年時点の名目GDP（国内総生産）のトップはアメリカで、2位が中国、日本は3位にありますが、国連が取りまとめている「ワールド・ハピネス・レポート」の2021年版によると、幸福度のランキングはアメリカが19位、日本が56位、中国は84位とものすごく低いのです。

また、モノを手に入れる喜びにも上限があります。生活に必要なモノがひと通りそろうまではモノを買うたびに喜びや満足感はふくらんでいきますが、必需品がそろったあとは一時的な満足感しか得られなくなるそうです。考えてみれば、欲しいものがあるときには、手に入れるまでが楽しいのであって、手に入れてしばらくすると持っていることが当たり前になり、満足感は大きく下がってしまうものです。

収入が増えれば嬉しいのは当然でしょう。しかし、上がったときの満足感は長続きせず、すぐに「もっと欲しい」と思うようになり際限がないのも事実です。そのため、働く目的を収入に置いている人は、常に、今よりも高い収入がもらえる会社を求めて転職を繰り返すことになります。現在は人手不足ですから優秀な人材を確保するために、それなりの収入を保証することは間違いではありません。しかし、一度入社した社員に長く活躍してもらうことを前提とするなら、収入だけで釣るのは間違った採用戦略だといわざるを得ません。

▶世界幸福度ランキング2021

1位	フィンランド
2位	デンマーク
3位	スイス
4位	アイスランド
5位	オランダ
6位	ノルウェー
7位	スウェーデン
8位	ルクセンブルク
9位	ニュージーランド
10位	オーストリア
⋮	⋮
13位	ドイツ
⋮	⋮
17位	英国
⋮	⋮
19位	米国
⋮	⋮
21位	フランス
⋮	⋮
56位	日本
⋮	⋮
62位	韓国
⋮	⋮
76位	ロシア
⋮	⋮
84位	中国

出典：国連「世界幸福度ランキング」2021年

「世界幸福度ランキング」は、国連が毎年3月20日の「国際幸福デー」に発表するもので、一人当たりの国内総生産(GDP)、社会的支援、健康寿命、社会的自由、寛容さ、汚職の無さ、人生評価(主観満足度)などを分析して積算されています。GDPが高い日本も、「幸福度」という観点では、生活者の満足度が低いことがわかります。

「努力の証としての収入」に意味がある

お金に関する調査にもう一つおもしろいものがあります。高収入を獲得した成功者は、自分がそれまでに重ねてきた努力の結果としての収入に高い満足を感じるというものです。つまり、高収入は、多くのことを成し遂げてきた証だから現在の地位をつかむまでにどれほど苦労があったとしても、大きな満足感につながるというのです。成し遂げたことの中には、当然仕事も含まれています。

このことからも、打ち込むだけの価値ある仕事と、それを成し遂げたという達成感を得られる環境が人の心をつかむことがわかります。だからこそ、金銭的報酬だけに頼るのではなく、インナーブランディングによって会社の大義に共感する人材を採用し、働く目標を明確に示しながら教育制度をリンクさせることで目標達成を支援していく。そして、その目標を成し遂げた人を正当に評価する人事評価制度で満足感を高めていくという好循環を生み出すことが重要なのです。

何のためのルールか？「想い」でマネジメントを！

正しい企業文化の育成を

昨今、技術大国ニッポンを支えてきた老舗メーカーの不祥事が立て続けに発覚しています。

たとえば、欠陥エアバッグ問題で、超優良メーカーだった企業が、民事再生法の適用を申請したことは記憶に新しいでしょう。この自動車部品メーカーは、自社のエアバッグに不具合があることを認識しながら、事実を隠して数年間にわたって製造販売を続けます。そして、アメリカでの大規模なリコールに発展して、負債額は1兆円を超える規模となり、没落したのです。

こういったニュースを耳にするたび、企業文化として根づくものは、正しいものや素晴らしいものに限ったことではないのだと思わずにはいられません。

不正が行われていた企業の社員の中には疑問を感じる人もいたはずですが、入社したときから上司に「これでいい」と教えられていくうちに、自分で判断することを放棄し、「これでいいのだ」と思い込むようになっていったのでしょう。

出世や上役、同僚たちとのしがらみから、わかっていながら口をつぐんでいる人だっていたはずです。そのような人たちにとって、「このやり方が企業文化として根づいている」という事実が、不正を正当化する免罪符になっていたのかもしれません。

現在、コンプライアンスは企業経営を考えるうえで無視することのできない重要な要素になっています。情報化社会となった今では、どこの企業も個人情報の取り扱いや情報漏えいに神経をとがらせています。

しかし、ＩＴシステムによって防げるものは一部でしかなく、情報漏えいの半分以上は誤操作や紛失、管理ミスといった人的ミスが原因です。人間ですから、ミスをすべてなくすことなどできないでしょう。

とはいえ、それでも、社員の意識を変えることで大きく減らすことは可能なはずです。

ただ、社員の意識を変えるために……といっても、単に、ものごとをルール化するだけでは、いい結果は出ないでしょう。ルールで縛ろうとしても、結局、社員はそのルールの奥底にある背景を理解せず、それに引っ掛かる手前のことでこなそうとするだけです。それでは、まったく意味がありません。

大切なのは、社員に「何のためのルールか」ということをわからせることです。会社の大義に共感する人を社内に増やし、企業文化によって、組織をマネジメントできれば、前述した自動車部品メーカーのような事件は、起こるはずもありません。

マニュアルだけで行動は規制できない

過度なマニュアル化は、社員の思考を停止させ、テンプレート的な仕事しかできなくさせることもあり得ますので、それも危険です。また、マニュアルを用意するだけで、みんながその通りに動いてくれれば手間はありませんが、そうではないから、「バカッター事件」などというものが発生してしまうのです。従業員が冷蔵庫に入っている画像をＳＮＳにアップして炎上してしまい、店舗が閉鎖に追い込まれたのではたまったものではありません。

社員が、会社のルールを守らなければならない理由を理解して、不正を不正だと指摘できる強さを持つには、それを支えてくれるよりどころが必要です。ブランディングは、それを社員の心の中につくってくれるものだといえます。だからこそ、このポストコロナ時代は早急にインナーブランディングを実施して、社員が会社の大義を軸に自ら考え、正しい動きができるようにしていかなければなりません。

ルールに合わせるのではなく、ルールを合わせる

ルールは目的ではない

日本人はルールをつくるのが本当に好きです。学校には明らかに必要とは思えないような校則があふれ、メーカーでもグローバルスタンダードを上回る自社規格を設けて自らを縛ろうとします。その結果、自分の首を絞めてしまい、データ改ざんなどというお粗末な事態を引き起こしていたのでは意味がありません。

なぜ、これほどルールをつくりたがるのでしょうか。私見ですが、安心したいのだと思います。ルールさえ守っていれば、やるべきことはやっていると考えるのではないでしょうか。でも、この考え方はとても危険です。ルールを守ることばかりに終始して思考が停止してしまい、ルー

ルをつくった本来の意図を忘れてしまう危険性があるからです。

ルールとは「この一線を越えたらヤバイ」という境界を設定するものであって、本来それを守っていればいいというものではありません。企業においては理念や目指すべき未来を実現し会社が成長していくためや、組織として機能するためなど、最低限守るべき基準としてルールが設けられます。だから、本当は社員の目線は理念や目指すべき未来へ向けられているべきなのですが、ルールばかりが強調されるとルールを守ることが目的化してしまいます。これでは本末転倒です。

たとえば、労働時間を短縮するため1カ月の残業時間に上限を設け、そのルールを徹底しようと、夜18時以降は社内の照明が落ちるように決めたとします。

しかし、会社として本来求めるべきは、生産効率を上げた結果、残業が減るという状況のはずです。この目的を見失ってルールを守ることだけが目的となると、結局社員が仕事を自宅に持ち帰るだけで労働時間の短縮にはつながりません。

硬直化した組織にはルールが多い

また、ルールが増えてがんじがらめになると、組織は硬直化してしまいます。ポストコロナ時代は、スピードや変化が求められるものなのに、手続きばかり多くて物事がなかなか前へ進まないという事態を招くのです。そして、ルールから少しでも外れてしまうと「ダメだ」とストップがかかり、生産効率が下がります。形骸化したルールを守るためにビジネスのスピードを遅らせることなど、何の意味もありません。

硬直化した組織では、社員自らが考える仕事も減っていきます。それは、会社の魅力が減っていくことと同義だと思うのです。優秀な社員ほど、自ら考え、挑戦できる環境を求めます。彼らを会社につなぎ止めておくためにも、ルールに頼った経営は控えるべきです。

ブランディングによって、企業の大切にする想いの浸透を図るとともに、ルールの上位概念として大義があるということを社員にあらためて理解してもらうことはとても重要なことだと考えます。

企業は永続しても、事業は永続しない

変化への恐れが視野を狭める

経営者の仕事は、会社の進むべき道を示すことです。どのような戦略に基づいて会社を成長させていくのか、会社はどこへ向かっていくのか。画を描いて、社員を導いていく仕事は、ほかの誰でもなく経営者にしかできないからです。しかし、視野が狭くなっていては本来見えるものも見えなくなってしまいます。たとえば、業績が好調に推移していると、現在の戦略の延長線上でしかものを考えなくなりがちです。うまくいっているものを変えるのは、怖いと思うからでしょう。その恐怖にとらわれた時点で、視野は狭まっているのです。これは延長線上以外にある可能性を自ら除外してしまう危険性をはらんでいます。

経営者は、変化を恐れてはいけません。長く継続し、発展し続ける企業は、事業の幅を広げたり、どこかで大きな方向転換をしているケースが多いものです。それは、どんな事業にも寿命があるからだといえます。

たとえば、インターネット販売ビジネスの急速な普及によってリアル店舗を凌駕したプラットフォーマーにも、今、変化が訪れています。技術の進歩によって、自社のECサイトを簡単につくれる時代になったことで、各メーカーがECモールから離脱する動きが出てきています。さらに、プラットフォーマーが、ECモール内でブランドの模倣品を流通させてしまえば、そのオリジナルブランドは、ECモールでの出店を取りやめます。つまり、時代の波に乗ったことで、利益や流通の独占をしようとしたプラットフォーマーの姿勢は、長続きしないということです。プラットフォーマーのような形態をとる企業は、今後も存続していくでしょうが、展開を見直し、方向転換をしていかなければ、競合が増えていく中で、独占を続けるのは難しいかもしれません。

現状維持は、衰退への道

経営者は企業を永続させるためにも、事業の「現状維持」という発想を捨てなければなりません。

現状維持という考え方は、次第に時代から取り残されていくものであって、そのままでは現時点での売上や存在感を未来にわたって保つことなど不可能なのです。

アパート・マンションの建設管理の大手・大東建託が100％出資する子会社で「ガスパル」という会社があります。

同社は、大東建託が建設するアパート・マンションのガス販売および設備工事を請け負っていますので、安定経営を続けています。ただ、同社は現状に満足してはいないのです。

インフラという安定事業に胡坐をかいて現状維持をするのではなく、社員が一丸となって、「ワクを超えると、セカイは広がる。」というコンセプトの下に、エネルギー事業を展開すべく、アイデアを生み出しながら、新しい挑戦をしています。

そして、人材教育に多大な投資をすることによって、社内にアンバサダーを増やし、社員が自社にプライドを持てる環境をつくっているのです。さらに、自社のポテンシャルを信じて、お客様との信頼関係を築き、果敢に挑戦することによって事業の幅を広げて、地域と社会に貢献ができる総合エネルギー会社への道を進んでいるのです。

しかしながら、この時期にブランディングを進めるにあたっては、社内コミュニケーションが、オンラインでしかとれないことの悪影響は計り知れません。

会社の大義を社内に落とし込む浸透研修の一つとして、弊社の施策に「アンバサダー育成研修」というものがあります。これは、社内でほかの社員への想いの浸透を促し、社員全体のエンゲージメントを高める働きを担う「アンバサダー」を育成するプロジェクトです。

実は、「ガスパル」は、コロナ禍でもこのプロジェクトを成功させるために、オンラインでの研修にかける時間を通常の3倍以上に延ばしています。これは同社が、オンラインでのコミュニケーションは、対面で話すのに比べて想いを伝えるのに苦労すること、そして、簡単にすれ違いが生まれてしまうことを理解して、それでもやり切らなければと考えたからのことです。

さらに同社の社長は、研修に自ら毎回参加して、直接社員と話し、研修の中で社員から出たアイデアで良いものがあれば、それをすぐさま経営に活かしているのです。

経営陣のこういった気持ちこそが、ブランディングの成功を左右すると、私は思っています。トップがこれだけやる気を出せば、それが、社員やスタッフに伝わっていくものです。

ブランディングは、やり遂げる気持ちがモノをいいます。アンバサダーたちにとっても、自分たちの意見がきちんと吸い上げられ、カタチになるのを実感できるこの時間は、大切なものになっています。

ブランディングプロジェクトを推し進めようとするとき、コロナという敵が立ちはだかるのであれば、「通常の3倍の時間をかけてでもやり遂げる」くらいの強い気持ちが必要なのです。

この「ガスパル」の姿勢は、多くの経営者が見習うべきものではないでしょうか。

「現状維持は衰退への道」だと認識すれば、変化することを恐れなくなります。狭まっていた視野も広がり、将来にわたって成長していくための選択肢も増えるのです。

現状を維持するという守りの発想から、挑戦するという攻めの発想へ変わることで、社内にも活気が生まれます。

このような変化を社内に生み出すには、何よりもまず経営者が現状維持という考え方を捨て、ブランディングに臨む必要があるのです。

成功の鉄則 11

「ブランドストーリー」

Chapter 4

やるか、やらぬか？
これで、あなたの会社が生き残る……

企業としての効果的なブランディングや
ブランドストーリーの構築は
容易にできることではありません。
しかし、鉄則ともいえる
テクニックをマスターすれば、
その精度を高めることは
不可能ではありません。
会社を存続させるために、
成功方程式をわがものに！

ストーリーづくりの大前提、会社の「大義」を見つめ直す

会社発展の原動力が「大義」

ブランドストーリーを構築するためには、その出発点となる大義を明らかにする必要があると述べました。

大義とは、会社が大切にしている主義や社会提供価値であり、成長を続けてきた企業発展の原動力となるものです。それは創業以来、脈々と受け継がれてきたDNAかもしれませんし、社会やお客様、社員に対する考え方や接するときの心がけかもしれません。

会社によって、その内容は異なりますが、成長している企業であれば、必ず共感を呼ぶ大義があるはずです。

この大義をもっとも理解しているのは経営者です。

そのため、まずは経営者の心の中を分解していく必要があります。

「お客様への想い」

「社員への想い」

「なぜこれまで成長できたのか」

「どのような会社であり続けたいか」

「どのような成長、未来像を描くのか」

経営者は、これらを自ら問いかけながら、漠然とした想いや考えを言語化していきましょう。

また、大義は組織や社員の中にも根づいています。それは経営者の視点から考えているものとは異なり、「この会社で働く動機づけ」というカタチをとっているかもしれません。そういった社員の心の奥底にある価値観や動機、思考の表出化のためには、社員同士で語り合うワークショップを実施することも効果的です。

成功の鉄則 2

コンセプトは、ブランドの独自性を表すフレーズに

共感を生みだすブランドコンセプトを

日本企業のホームページを訪れ、その理念を確認してみると、「信頼・信用」「安心・安全」「誠実」などの言葉が多く使われています。

しかしながら、そういったことは大前提であり、お客様や生活者がそれを読んだところで、深い共感は得られないでしょう。

たとえば、銀行が「信用」を前面に打ち出していたりします。

ただ、そもそも信用できない銀行に大事なお金を預けるわけがありません。銀行において、信用は大前提なのです。食品メーカーにおける「安全・安心」や、病院の「誠実」なども同様といえます。

生活者から見れば、そうであって当たり前のことを企業理念として掲げられても、何ら感銘は受けません。当然、記憶にも残らないでしょう。

しかし、銀行の経営者としては「銀行にとって、もっとも大切なものは信用なのだから理念において信用を謳うのは当然だ」と発想してしまいます。

とはいえ、ブランディングにおいて本当に大切なのは、「信用」や「安全・安心」「誠実」という言葉を理念として掲げるに至った背景や想いと、それを語るブランドストーリーだと心得る必要があります。

経営者としてさまざまなことを学び、経験したからこそ味わえる言葉の重みというものがあるでしょう。

たとえば、子どもの頃に見た映画を大人になってから見ると、当時、気づくことのできなかった新たなおもしろさや感慨深さを味わえたりします。これは、子ども時代からそれまでの間に、いくつものことを学び、新しい価値観や基準を身につけたからこそ、違う角度でその映画を観ることができたからです。

それと同じで、経営者と同程度の経験値や価値観を持たない人が、経営者が共感している言葉の奥深さを感じ取るのは不可能といえます。

企業の魅力を伝えるためのブランドコンセプトは、自社の独自性をしっかりと表しながら、ターゲットとなる相手に伝わり、共感を覚えるようなフレーズを考えていくことが重要なのです。

本当にそれで伝わるか、もう一度考えてみよう

ここまででわかるように、ブランドコンセプトとストーリーは、企業の独自性が表れていることが大切ですが、同時に、社内と社外の二つの視点から構築しなければなりません。

それによって、その後の浸透が大きく違ってくるのです。

自分たちの会社が、何を、いつ、どのように、誰のために提供しているのか、こだわりは何か、それを実行する想いとはどのようなものなのかを考えてください。

会社の大義を、社長から社員へと間違いなく伝えるためには、コンセプトは、どんな世代でも理解しやすく、わかりやすい言葉を使うようにしましょう。ただ、社長と社員では、培ってきた経験値と時間軸が違っています。ここも、見逃してはいけません。

また、自分たちの常識という思い込みを取り払うことも忘れないようにしましょう。

業界用語のように、その世界では当たり前のこととして通用しているものでも、外の世界へ行くとまるで通じなかったなどということは珍しくありません。

「カルチャーブック」で、会社の想いを浸透させる

共通の価値観を視覚的に伝える

会社の大切にする想いや大義を社内外へ浸透させるためのコミュニケーション・ツールに「カルチャーブック」というものがあります。

これは、会社で働く一人ひとりが心の中で感じている共通の価値観を視覚的にわかるようにしたものであり、会社全体として思い描く未来や提供したい価値、社会に対する使命などを表現したものです。

文字やイラスト、企業独自のキャラクターなどを使って、印象深く、楽しいつくりになっています。

といっても、決まった型があるわけではありません。文字主体のつくりもあれば、マンガテイストのものもあります。判型も決まりはなく、

手帳にして持ち歩いている企業もありますし、現在の主流としては、専用のアプリに落として活用している企業も多いといえます。

大義が企業によって異なるように、それを表現するカルチャーブックのスタイルもさまざまです。

そして社員がカルチャーブックを読めば、自社の大義を理解でき、仕事への誇りやモチベーションを高めるきっかけになり得ます。社外の人に読んでもらえば、あなたの会社が何を想い、どこを目指しているのかがわかって、ファンになる動機を提供できるかもしれません。

ただ、重ねて強調しておきたいのは、ブランディングでは、決してカルチャーブックをつくること自体が目的ではないということです。カルチャーブックは、あくまでも社内にブランディングを浸透させる一つの手段であり、むしろその後が大事といえます。カルチャーブックを活用して、インナーブランディングを推し進め、コンセプトとストーリーを通じた社員への、想いの浸透、自社の魅力を売り込むチカラの育成を行い、同時にアウターブランディングを展開していくのです。

成功の鉄則 4

認知・理解よりも、その先の「共感」が大切

共感が行動を誘発する

ブランドストーリーによって生み出される「共感」は、認知や理解とは異なります。たとえば、雨の中、傘があるのにずぶ濡れになりながら重い荷物を運んでいる人がいたとします。認知とは、あそこにずぶ濡れで荷物を運んでいる人がいるなと認識することです。理解とは、両手でないと運べない重い荷物だから傘がさせず、ずぶ濡れなんだとわかることです。

ただ、認知や理解でとどまってしまっては、行動には結びつきません。その人を見て、同じ働く人間として頑張る気持ちがわかるとか、何か自分にできることはないかと共感が生じるからこそ、傘を差し出したり、荷物を運ぶのに手を貸したりするのです。

▶ **想いの浸透三つの視点**

“想い”を理解し、共感しているから、行動に移せる

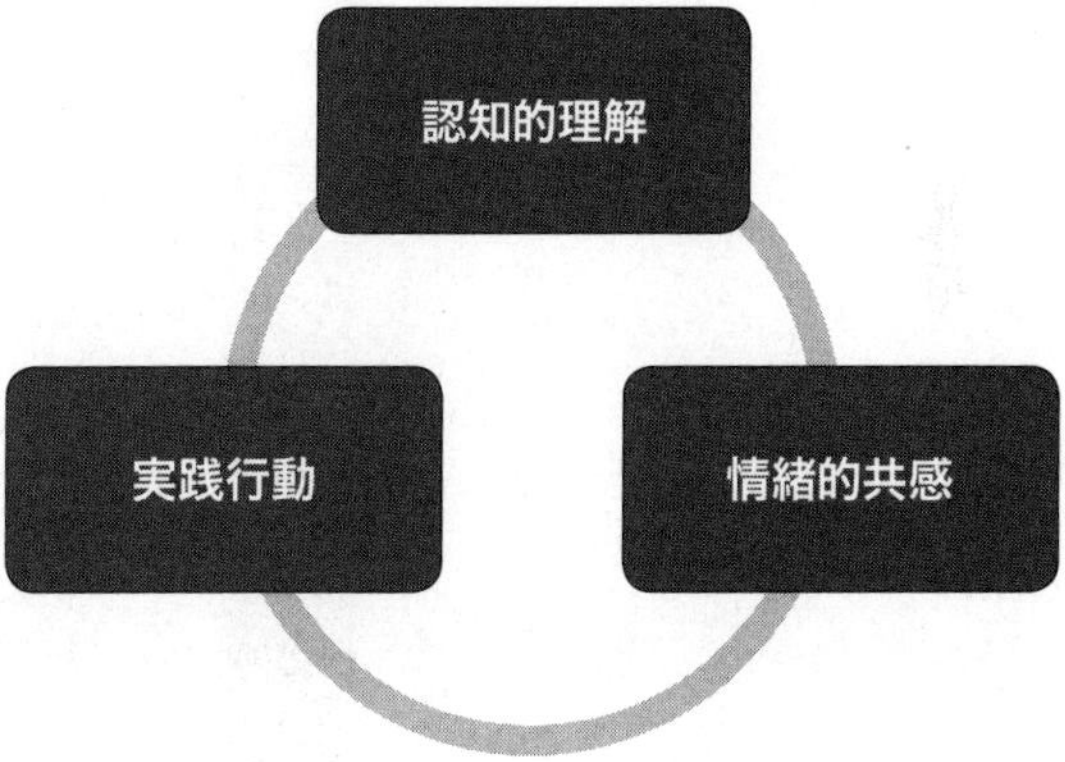

認知・理解よりも、その先の「共感」が大切

ブランディングにおいては、共感によって会社が示す理念や考え方をわがことのように思えるから自分の言葉で話せるようになるのであり、誰かに伝えたいという衝動が生まれてくるのです。

社内にアンバサダーを育てる

しかし、社内ですら共感の輪を広げていくのは簡単なことではありません。企業理念と行動指針に矛盾を感じれば、そこに共感は生まれません。「利他の心が大切です」と謳っているのに、営業研修で「いかに買わせるか」というテクニックばかり教えられては戸惑ってしまいます。社員が率先して会社の大義を広めようと頑張っても、結局、営業成績のいい人間ばかりが評価されるのでは、大義の体現などバカバカしくて、やっていられなくなるでしょう。だからこそ、育成や評価などのズレをなくす必要があるのです。

また、制度の一貫性を保つだけでなく、社内にアンバサダーとなるキーパーソンを育てることも大切だといえます。

そのためには、ブランディング・プロジェクトを立ち上げてメンバー内に会社の大義を浸透させ、彼らが各部署に戻ったときに周りの社員へ広めてもらうのです。どこの会社にも発信力と周囲への影響力が強い社員はいるものですから、その人を巻き込めると社内への浸透スピードをより速めることができます。また、お手本となる存在を会社が示すという方法もあります。自社の想いや考え方に合致した人を表彰することで、「今、会社が評価するのは、こういう人です」というメッセージを全社員に向けて発信するのです。その人が手掛けた成功事例や表彰したポイントを紹介しながら、社員の間で共有することによって、何が求められているのかを伝えることができます。

会社の大義に根差した価値観が、社内の共通言語として語られるようになれば、文化として定着したといえます。しかしながら、1年やそこらで企業文化は根づきませんので、じっくりと腰を据えて取り組む姿勢が重要となります。

「人事評価」にまで落とし込むブランディングで、社員を伸ばす

評価は、成果から貢献へ

ブランディングのために、会社の大義を社内に浸透させていくうえで、人事評価制度が果たす役割は非常に大きいものがあります。

社員が会社の掲げる大義に共感し、ビジョンをともにして、正しい方向に動いてくれれば、会社が強くなるからです。人事評価制度は、そのための武器になるともいえるでしょう。

そもそも、会社が登ろうとしている「山」を認識できていない社員は、どんな組織でも多いものです。そういった齟齬があれば、ブランディングは成功しません。多くの社員は、常に、意識の低いほうに引っ張られ

てしまいます。もしもあなたの会社が、富士山に登ろうと考えているならば、社員全員にそれを認識させ、そのための準備と心がけをしてもらわなければなりません。

そういった組織になるためには、人事評価制度やキャリアパス制度をそのためのカタチにし、それぞれに会社の大義を盛り込むことが大切になります。

人は誰かに認められたとき大きくモチベーションが上がり、誰かに認められたいという気持ちが仕事や成長に対する意欲を生むものです。こういった心の動きを活かすことで、会社の大切にする想いの浸透を、評価の面から後押しすることができます。

そのためには、組織への貢献度や理念にそった行動を、どれだけできたかという観点を重視した「理念浸透型・人事評価制度」を導入していくといいでしょう。

理念浸透型・人事評価制度では、社員一人ひとりの日々の業務を記録して、組織に対する貢献の度合いを評価します。成果だけでなく、指導力や新規企画力、事業立案力といった貢献度と、行動指針を体現できているか、ブランドを大切にする想いのようなものにもウエイトを置いた評価にするわけです。そもそも人事評価制度は、単に「評価する」ためのものではなく、社員の成長を促し、会社の力を伸ばしていくためのもの、ということを理解しなくてはなりません。部下の育成を上司がサポートし、彼らのキャリア成長を応援することも企業の務めです。

それでは、そんな社員を育成する評価制度について、簡単に説明してみましょう。

評価制度は、「業績」と「行動」という評価基準に二分され、社員の貢献度は、「業績」に紐づけられています。「業績」は、売上や新規訪問数、業務改善率、提案数などとして数値化されるものです。一方、「行動」は業績に至るまでのプロセスにおいて、会社の行動指針を体現できているかといったポイントを見ていきます。

社員の貢献を見落とさないために、目標管理制度があるのですが、この目標管理は、ブランドコンセプトを理解した人が設計し、扱っていかなければいけません。なぜなら会社の目指すゴールや、そこから導き出される社員一人ひとりに求められる業績や仕事に取り組む姿勢は、ブランドコンセプトから紐解くことができるものだからです。

それは裏返せば、ブランドコンセプトを構築したところで、社員が理解したうえできちんと行動に移していなければ、会社が変わることがないということでもあります。

会社の年間目標などは、未来のあるべきブランド像から逆算して設定します。同様にして、部署としての目標から個人の目標までを落とし込んでいく、というように進めていきます。

ブランディングの神髄は、共感によって想いを浸透させ、人々が行動に移すためのサポートをしていくことです。

会社のブランドコンセプトとストーリーが明確になったあと、社内で一人ひとりが具体的にどういった行動に移せば、会社への貢献と評価されるのかを明確にする段階が、評価制度の設計ということになります。

よりサポート体制を強めるという意味では、何が期待されているのか、決められた期間内で何をしていくかという事柄を定めて、都度評価しフィードバックをしていくリアルタイム評価が、非常に効果的です。

正直、半期ごとの評価では、適切な育成は難しいと考えています。それは、半年前のことを鮮明に覚えている人が少ないことからもわかっていただけると思います。

このように、評価の仕組みは一人ひとりの成長を支えるものであって、給与分配だけのためのものではないということを念頭に、制度を組み立てていきましょう。

たとえば弊社では、上司が部下の成長をサポートするための「月次のメンター制度」を採用しています。社員たちの大事な人生設計ともいえるキャリアを考え、彼らが3年後や5年後にどうなっていたいのか明確にし、それを実現するための課題を見つけるコミュニケーションの時間を大切にしています。

またメンター制度においてとても重要な役割を担うのは、新たな世代の人材成長を促してくれる中間層の社員たちといえます。ですから中間層に対しては、部下育成という側面で、会社にどれだけ貢献しているかという部分も、決して見過ごせないポイントです。

評価基準を可視化する

注意したいのは、評価結果をフィードバックする面談を年1回行うだけでは不十分だということです。

世界最大の会計事務所である「Deloitte.」のマネージャーは、部下の評価のための面談や評価会議に、会社全体で年間200万時間という膨大な時間を費やしていました。それでも、パフォーマンスレビューの面談直後に会社を辞める人が増えていたといいます。

それは、ただ部下のために時間を費やせばいい、というわけではないことの証明になりました。そこで、年間を通じて「何ができていて、どこをより頑張ればいいのか」ということを上司が部下に丁寧にフィードバックする機会を増やし、日々、社員の成長を支援する仕組みを構築しました。これによって退職者を減らすことができたといいます。このように成長実感は、「この会社で働き続ける」という強い動機になり得ます。

同社は、部下を評価するためのミーティングの時間を、本人を育成するための有意義なフィードバックの時間に変えました。しかしこれをするには、上司にとって単に評価をくだすだけよりも、時間がかかります。部下のキャリア設計を把握したうえで、さらに働き方をしっかりと見ている必要があるからです。でも、そうでなければ、ミーティングの時間だけとっても機能しないことが、はっきりとわかったのでした。

社員の成長意欲を人事制度によって刺激して日々の業務に対するモチベーションを上げるには、理念や行動指針と評価基準に矛盾点のないことが大前提です。
そのうえで、報酬が上がる条件やキャリアパスの道筋を明確に示すという方法もあります。極論をいえば、係長、課長、部長、取締役になるための条件を社員に開示するわけです。

評価基準が可視化されていなければ、生殺与奪を握っている上司の顔色を気にするのも、ある意味仕方ないと思える部分があるからです。
しかし、本来であれば、社員が目を向けるべきは企業の掲げる大義であり、お客様でなければなりません。上を気にするあまり、社内調整などが多くなり、お客様に提供できる価値があるはずなのに、それ以外のことにエネルギーを使っていては本末転倒です。

人事評価制度は、社員全員が会社の大義に共感し、会社の進む方向性とベクトルをそろえ、その達成のために力を発揮できる環境づくりに結びついているべきだと、私は考えます。

若手社員の成長を引き出すのは、「直属の先輩」

社員は社長ではなく、身近な先輩に憧れる

人事評価制度を企業理念と連動させることで、成長実感を得られるものへ変えたとしても、それだけでは社員がイキイキと働くために十分とはいえません。前述しましたが、人が成長するには、スキルを少し上回る課題に意欲を持って取り組むことが必要です。その際、明確な目標も必要で、会社が目指す方向性を明確に示すことで、社員が目標を設定しやすくなることも話しました。ただ、もっと身近に憧れの先輩や上司がいるほうが、より具体的な目標をイメージしやすく、成長意欲はより高まることが期待できるでしょう。

社員は、「社長を目標に」とは、あまり思いません。それよりも、上司

や先輩が充実して仕事に取り組んでいれば、「自分も」という気持ちが湧いてくるものです。そのような存在の人に、「今取り組んでいる仕事は、会社にとってどのような意味があるのか」「この仕事を達成することで、どのような将来へとつながっていくのか」を語ってもらうほうが、素直に耳を貸すことができます。

成長を加速させる組織をつくるためには、リーダーやマネージャー層への想いの浸透を率先して促し、その人から周囲へ浸透させる流れをつくっていくべきなのです。また若手社員でも、誰かの先輩になった時点で、後輩に見られていることを意識しないといけません。新人からすれば、先輩はすべて、ロールモデルになっていることを理解しましょう。

「まあ、いいや上司」こそがネック

成果を生み出す組織では、明確な大義やビジョンが共有され、メンバーの共感を得ているものです。社員は自ら仕事を見つけ行動し成長するという好循環の中にいます。その成長をサポートする仕組みもあり、社員同士のコミュニケーションも活発です。社員同士が互いに刺激し合いながら、さらなる成長をもたらしてくれます。

人の行動は、周囲の人間関係に大きく影響されることは、行動科学でも証明されていることなのです。しかし、このような組織でも、あっという間に、成長できない後ろ向きな組織へ変わってしまうことがあります。それは、「まあ、いいや」という気持ちで仕事をする、リーダーやマネージャーが異動してきた場合です。マネジメント層に後ろ向きな人材がいると、いくら人事評価制度や育成制度といった仕組みを整えても機能しません。理念を浸透させようとしても、組織の末端までは広がっていかないでしょう。若手社員も、最初は抵抗してそれまで通りモチベーション高く仕事に取り組むでしょうが、評価されることがないと知れば、バカバカしくなり会社を去っていってしまうかもしれません。

組織を活かすも殺すもマネジメント層次第なので、理念浸透施策では、この層には特に注力して取り組む必要があります。

成功の鉄則 7

「社内」と「社外」、発信内容の完全一致を追求する

情報が容易に手に入るからこそ

今は、調べたいと思ったことは、たいていインターネットなどで調べることができます。会社の歴史や社長のメッセージなどオフィシャルなものはもちろん、会社の内部事情といった一昔前ではほとんど表に出なかった情報も、現役社員や元社員が匿名で投稿できるクチコミサイトなどから収集することが可能です。今や会社にとって都合の悪いことを隠そうとしても、隠し切れない時代になっているのです。

そのため、アウターブランディングを考えるうえで、インナーブランディングと連動させることは、これまで以上に重要な要素になっています。生活者は賢いですから、企業が発信するキャッチコピーや商品紹

介などのメッセージが、ある程度企業にとって都合がいいようにつくられていることを知っています。そのため、少しでも「本当?」と思えば、裏をとるためにすぐ調べるものだと考えるべきです。そして、そこにズレを感じたら、消費者はあっという間に離れていきます。

インナーブランディングとアウターブランディングに一貫性を持たせるには、会社の大切にする想いが、社内に浸透していなければなりません。ブランディングは、社内への浸透からはじまり、社外への発信へとつながっていくものなのです。たとえば、商品やサービスを開発するとき、「ウチの会社の方向性なら、こういうものはつくらないよね」というチェックを社員自身が行っていく必要があるからです。

ストーリーのブレが、共感を削ぐ

また、それまでの方向性とはまったく異なる商品をつくろうとするときには、会社の大義につながるブランドストーリーの構築が、さらに重要になります。

「生活者の味方」をスローガンに掲げて「質の高い製品を誰もが気軽に手の届く価格帯」で提供してきた会社が、いきなり高級ブランドを立ち上げるとなったら、生活者が「なるほど」と納得できるストーリーがないと、簡単には受け入れてもらえないはずです。

ブランドストーリーにブレがあると、インナーブランディングとアウターブランディングや、企業ブランドとプロダクトブランドなどの間に、ズレが生じます。ズレがあると、そこには矛盾が生まれて、メッセージを受け取ったアンバサダーの共感が削がれてしまいます。

ヒット商品を生み出すブランドストーリーの精度は経験値によって高めていくことはできますが、「これで間違いない」という方程式はありません。しかし、売れない商品や共感を生めない商品には、必ずズレが生じているのです。これは国内だけでなくグローバル市場においても同様です。むしろ、伝えることに長けている外国人のほうが、ブランドストーリーのブレやズレに敏感に反応するかもしれません。

成功の鉄則 8

「SDGs」への取り組みは、企業が持続させるもの

SDGsはボランティアではない

最近は、SDGsをテーマにして、新しい取り組みをしようとしている企業が増えています。ただ、SDGsへの取り組みを、間違って捉えている企業もあるようです。SDGsとは、企業が、それぞれ担っているビジネスによってかなえる目標です。社長の趣味嗜好はもちろん、単なるボランティアで実施しても意味がありません。ボランティア活動はたいてい、一時的なもので終わってしまいます。収益がまったく出ないうえに、自社の事業と関係もないことを企業が継続するのは難しいのです。

そしてSDGsを、事業を通じてかなえることによって、社会に貢献し、お客様や生活者から「いいね！」と思われる企業になってこそ、意

味があるといえます。そうすれば、社員の共感を得ることもできますし、誇りの持てる企業としてのブランディングにつながっていくのです。

これはESG経営にも同じことがいえます。ESG（イーエスジー）とは、「環境」「社会」「ガバナンス」に取り組む企業を増やして、世界規模の環境問題や社会問題を解決していこうとするものです。ここでも短絡的で、意味をはき違えた取り組みをすれば、社員から共感を得られずに、お客様や生活者にも理解されず、せっかくの活動が、企業としてのブランディングどころか、真逆に、マイナス効果を及ぼすことがあるのです。

社会的責任をどう考えているかの意思表示

SDGsやESGとは、企業が継続して取り組むことによって、社会へ与える影響にも責任を持ち、社会からの要求に対して適切に対応することです。つまり、企業PR目的の延長線上にある活動とはまったくの別物であり、たとえばスポーツチームのスポンサーになるということなどもSDGsやESGとは捉えられないのです。

福岡県・大川市に「タンスのゲン」という会社があります。家具・寝具・家電・インテリア用品などのインターネット通販事業をしており、年商175億円を突破して急成長をしています。この会社の企業理念は、「Design the Future—暮らしの未来を、デザインする—」です。また、同時にコーポレートメッセージとして、「大川を、世界のインテリアバレーに。」というコンセプトを発信しています。

大川市は、もともと家具の製造で賑わった町ですが、婚礼家具の需要縮小で家具製造業者が廃業してしまい、町からは人や店、企業が減り続けています。そんな中で「タンスのゲン」は、自社が大きく成長することによって、大川という町に人や店を呼び戻しながら、自社の収益を地域に還元することによって、町を盛り上げようとしているのです。

「タンスのゲン」は地域あってこその企業だと捉えています。企業を永続させるためには、その企業がある地域に活気がなくてはならないと強く思っています。だからこそ「大川を、世界のインテリアバレーに。」というコーポレートメッセージを掲げ、大川という地域を人と技術と情報、そして期待が集まる地にしようと試みているのです。今後、地方企業に求められることは、同社のように企業が主体となり、地方創生を行う姿勢です。地方企業が真に社員の幸せを創るのであれば、地域の活性化を図ることが必ず求められます。社員はもちろんのこと、地元の人々を巻き込み、誰もが共感する地方創生を行うことが、企業の責任でもあるのです。

同社が生活者の未来をデザインしながら成長して、大川をインテリアバレーとして確立できれば、これ以上の地域貢献はありません。そこに今、多くの若者が共感しています。

このように実践することが、本質的に、企業が事業で社会貢献するということであり、取り組みとして持続可能なものとなっているのです。

SDGsやESGは、会社が社会に対する責任をどのように考えているのかを示すことにもなるので、それだけに、理念との連動は絶対条件だといえます。

意識を変えて、人を変える。ブランディングには時間をかけて……

年単位でじっくり取り組む必要あり

経営者の中には、カルチャーブックや人事評価制度が完成した時点で、ブランディングは終わったと考える人がいます。それはとんでもない誤解です。人の考え方はそんな簡単に変わるはずがありません。ツールがそろったところからがスタートなのです。

若手社員、中堅社員、マネージャークラスなど、階層別の研修や社内ワークショップを通じて、カルチャーブックに書かれた内容について理解を深める機会を定期的に設ける必要があります。

そして、会社の大義をもとにつくり上げたコンセプトを社内でどのように体現するかを考え、社員一人ひとりが日々の業務で実践できるようにしていかなければなりません。
それは、短時間ではできないことです。長い道のりになることを覚悟して、じっくりと取り組んでいかなければならないのです。

また、定期的に理念浸透度調査を実施して、社員の共感度を確認することも大切です。不十分だとわかればテコ入れする必要があるかもしれません。ブランディングは、仕組みやカタチを整えるだけで完成するものではありません。1年、2年と時間をかけてじっくり取り組むものなのです。カルチャーブックをつくったことは、単なる制作物を仕上げただけです。ブランディングに終わりはないと理解しましょう。

浸透施策はオーダーメイドで

ブランディングのために会社の想いを浸透させていく手法に、正解はありません。なぜなら、会社の規模や性質、風土などによって、そこで働く社員も、それぞれ変わってくるからです。

たとえば、「ユニクロ」を見てみましょう。同社は、海外へ進出した当初、日本流の内部規則や教育、評価制度を持ち込みましたが、うまく機能しませんでした。

それは、日本と海外では、文化や常識、給料体系の標準など、何もかもが異なっていたからです。海外で、その国ごとにある文化や常識を理解せず、いきなり日本流の企業理念を浸透させ、それに準じて社員を動かそうというのは無理な話です。

結局、現場と経営の意思疎通が図れず、売り場づくりやサービス提供に一貫性を保つことができませんでした。

そこで同社は、「ユニクロ」のブランドコンセプトとそこに込められたストーリーを学び、どんな働き方や姿勢が求められているのかを理解できるようにする研修を実施して、会社の大義にそった人材育成を徹底するようにしました。また、ブランドコンセプトに合わせた目標設定やその実践行動を評価に取り入れることで現場スタッフの意識を高めることに注力して、結果、現在の世界展開へとつながるようになったのです。

これは海外の話ですが、日本国内で経営を行う企業でも同様です。同じ日本国内であっても、エリアや地域によって歴史や風土はそれぞれ違っています。また、そこで育ち、教育を受けてきた「人」のキャラクターも、それぞれ大きく変わってくることでしょう。

従って、自社の想いや社会提供価値を社内に浸透させるためには、働く社員を見て、考えたうえで、自社独自の効果的な方法を、「オーダーメイド」でつくり上げていかなければなりません。経営者は、これを理解したうえで、自社に適した理念浸透法を見つけ出すようにしていきましょう。

ブランディングのために、社員の意識を変え、社員を変えていく。

これには、一つの正解があるわけではなく、また、一朝一夕にできるわけでもありません。達成には多くの時間と独自の施策が必要になってくるのです。

ブランディング成功の鍵は、「やり切る覚悟」

効果を出すためには、圧力にも負けないこと

世の中には、達成するまでに時間も手間も必要だけれど、途中でやめてしまうと、あっという間に元へ戻ってしまうことがたくさんあります。トレーニングやダイエットがそうですし、プロのピアニストも「1日練習を休むと自分にわかり、2日休むと批評家にわかり、3日休むと聴衆にわかる」などといわれます。

ブランディングもまさにそうです。最後までやり切らなければ、何の効果も発揮しません。

しかし、新たにブランディングをはじめようとすると、社内から必ず

といっていいほど、「本当に効果があるのか？」「コストをかける価値があるのか？」という声が上がってきます。

ブランディングがはじまってからも、「いつ成果が出るんだ？」「やはり、何も変わらないじゃないか」と横やりが入ることはあります。

このような社内圧力に負けずに最後までやり通すには、トップが強い意志を持って進めることが必要です。

結果が出るまでには相応の時間がかかること、最低でも年間、人一人を雇うほどの投資がいることを理解したうえで、途中でやめないと腹をくくらなければなりません。

手間暇かけるだけの価値がある

前述のソースメーカー「オタフクソース」は、創業者の理念である「利他の心」を大切にし、「人々に喜びと幸せを広めることを自らの喜びとする」という考えを「たらいの水哲学」というもので表現しています。

たらいの水を自分のほうへ引き寄せようと動かしても、手を止めると水の波紋は自分とは反対のほうへ広がっていきます。

一方、相手のほうに水を差し出せば、水は跳ね返って自分のほうに寄ってきてくれる――。

このように、商売も自分たちの利益だけを考えるのではなく、相手のためになることを考えて世の中に幸せを広めていけば、やがて自分のところにも返ってくるという教えです。

この大義が浸透している同社の社員は、お客様であるお好み焼き店に足を運ぶことを厭いません。お客様の声から学ぼうとする姿勢にもブレが見られません。

そして、お好み焼き文化を広めるために「お好み焼課」を立ち上げてしまうなど、業界の繁栄のために本気で頑張っているのです。

また同社は、お好み焼課のほかに、お好み焼きの文化や歴史を知り、体験もできる施設「Ｗｏｏｄ Ｅｇｇ お好み焼館」をつくったり、新入社員研修でキャベツ農場研修や実店舗研修、工場研修などを行い、関係者とのつながりを体感する機会を設けたりしています。

社員全員がお好み焼きをつくれるようにと、社内資格「お好み焼士」までつくりました。

ここまで徹底して、創業者の理念である「利他の心」を浸透させたからこそ、このように、文化が広く社員の中に根づいているのだと思います。

ブランディングは、手間もコストもかかりますが、手をかけながら丁寧にやり続けることで、必ず効果を実感する日がきます。

しかし、途中で投げ出したり、逃げたりしてしまうと、それまでの努力が水の泡になるだけでなく、やってきたことが嘘、偽りになってしまいます。ブランディングを成功させるためには、経営者が「やり切る覚悟」を持つことが大切なのです。

成功の鉄則 11

企業の永続を望むなら、今すぐに、できることからはじめよう！

やらない理由を探すのは誰にでもできる

ある病院の上層部の方と話していたときのこと、ブランディングを行うことで想いに共感する人材が採用できるようになると話すと、「そんな余裕はない」と言われました。

「今は医者が不足していて、想いに共感する人を選んで採用している状況ではない。とにかく医者にきて欲しいのが本音であって、君の話すことはわかるけれど、実施は難しい」と。

ここまでで20分が経過していました。私は、この20分こそがもったいないと考えました。想いに共感する人材を求めることをあきらめるのではなく、彼らがこの20分を、ブランディングするためにどうすればいいのか考える時間に使うほうが建設的だと思うのです。

世の中、新しいことをやらない理由など、星の数ほどあります。それまで社内において実績のないことをはじめようというのですから、なおさらでしょう。

しかし、多くの企業が本気でブランディングに取り組んでいない今だからこそ、やる価値があるのです。

ブランディングとは目に見えない付加価値を提供することで、他社と差別化し、お客様をはじめアンバサダーに選んでもらうための方法です。

とはいえ、理念浸透や組織改革、人事評価制度の整備などの社内での取り組みといったブランディングの根幹となる部分は、どうしても、後回しにされがちな状況があります。

それは、納期があるようなほかのプロジェクトに比べて、緊急性が低いと考えられるからかもしれません。

ただ、ポストコロナ時代、ブランディングの重要性はますます高くなっています。

そして、コロナ禍で多くの企業が、社内への投資に二の足を踏んでいる今だからこそ、社内のブランディングに取り組み、そこに時間とお金を投資できる企業には、「勝つチャンス」があるのです。

ましてや、業界でイニシアティブをとる存在にステップアップすることも不可能ではありません。

今すぐにでも、できることからはじめていく必要があるといえます。

グローバル戦略にも欠かせない「ストーリー」

国内よりもさらに認知度が低く、ビジネスが進展するスピードの速いグローバルでは、ブランドの魅力を語れるストーリーなくして勝負することが難しくなっています。

たとえば「伊藤園」のブランド、「お～い お茶」をご存じでしょうか。日本茶は、当然、古くから愛飲されてきた飲み物で、コンビニに行けば必ず、さまざまな日本茶のペットボトルが販売されています。日本茶のペットボトルには、もちろん、「お～い お茶」以外にも、各メーカーが力を入れた競合商品があり、コンビニの棚にひしめいています。

そんな「伊藤園」が、アメリカに進出して「お～い お茶」の販売をスタートさせようとしたときのことです。日本と違って、アメリカでは日本茶はもちろん、無糖のお茶を飲む習慣がありません。

そこで同社は、「お～い お茶」のブランディングのために、日本茶の魅力を「ストーリー」で描いたのです。

「カフェインを含有しているうえに、体にも優しくてヘルシー」

これは、エナジードリンクを飲む習慣があったアメリカで、大きな反響がありました。

現地では、カフェイン摂取の目的でエナジードリンクが愛飲されていましたが、同時に、カロリーも摂取することになり、人工甘味料の不健康さも気にされていたのです。

しかし、日本茶であれば、健康を損なわずにカフェイン摂取が可能となるというストーリーをつくった結果、現地のクリエーター職や忙しい人々に支持され、大ヒットとなりました。この成功を導いたのは、間違いなくブランドストーリーだったのです。

製品だけでなく、企業も同じです。欧米では日本以上にCSRに対する意識が高く、海外進出などをするとNGOやNPOから指摘を受け、ビジネスが思うように前へ進まなかったりします。

「あなたの会社は社会的責任についてどう思っているのか」ということを明確に問いかけられるわけです。

この問いに、海外へ出ていく全社員が答えられなければ、なかなか信用してもらえません。また、CSRは企業理念に連動しているものですから、自社の大切にする想いについての理解度も試されることになります。

ここでも、社員への理念浸透のために、ストーリーをつくり、活用していくことが大切になります。

会社の大義に共感していれば、社員がイキイキと働き、新しいことへも挑戦する前向きさが育まれます。社員のベクトルがそろっている分、力強い推進力も生まれ、変化に対する柔軟性も高まります。それによって、NGOやNPOはもちろん、海外の取引先に対して、自社および自社の商品やサービスを明確に説明できるようになってくるのです。


これからもポストコロナ時代は続きます。さまざまな変化が波のように押し寄せる中、経営者はブランディングに真剣に取り組まなければなりません。そして、そこでは、商品の認知度を高めるために、また、企業に想いを浸透させるためにも、ブランドストーリーが、非常に重要になってくるのです。

Special Contents

ストーリーを構築するための「ヒアリングシート」活用術

ブランドコンセプトを明確にしていく!

ブランディングのためには、ブランドコンセプトを明確にして、「ストーリー」を構築することが必要と述べてきましたが、どのように進めればいいのかと疑問に思った経営者も多いことでしょう。ここでは、私たちが活用している「ヒアリングシート」をご紹介していきます。

「ストーリー」を構築するためには、業界動向やマーケット事情などを把握したうえで、自社の魅力や強み、課題、ポテンシャルなどを、しっかり理解する必要があります。また、目指すべき未来の姿を描き、そこに向かっていくために必要なことを考えていかなければなりません。

それを整理していくのが、この、「ヒアリングシート」だといえます。

▶ヒアリングシート　フォーマット

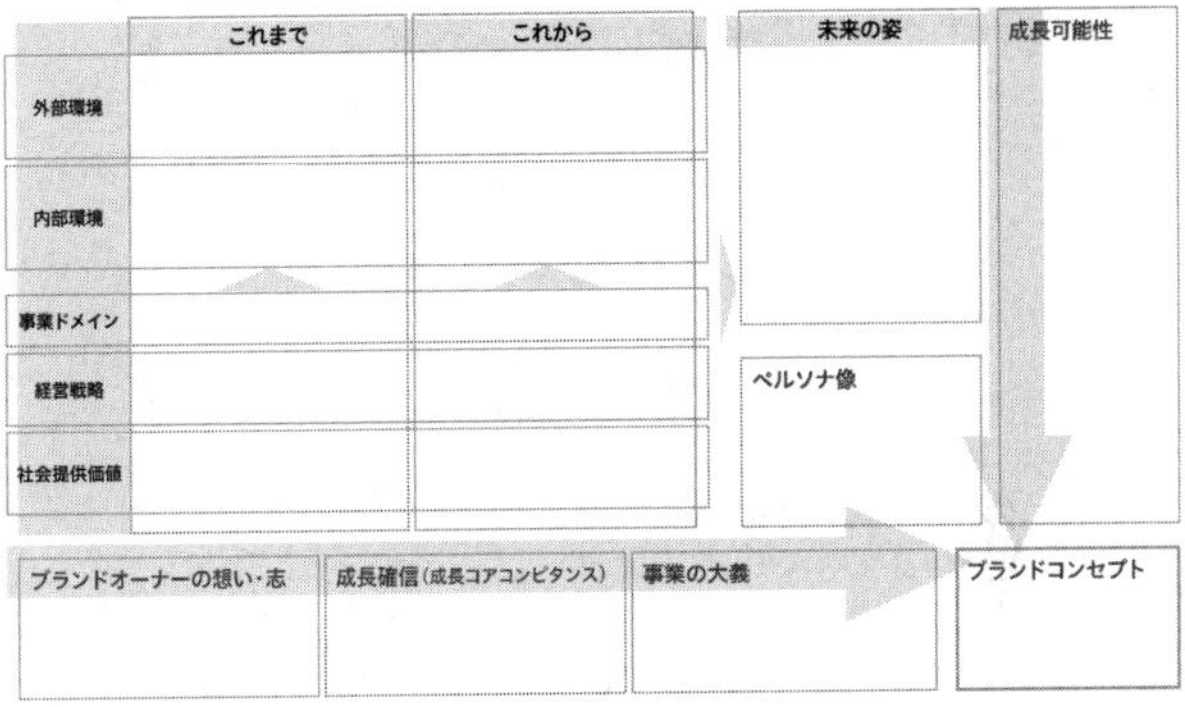

①「**これまで**」／無形資産の棚卸です。自社が持つ、目に見える財産とともに、見えない財産を棚卸していきます。

②「**これから**」／棚卸した無形資産を活かして、新しく何ができるかを考えます。業界分析と一緒に、自社の方針を固めていきます。

③「**その先の未来**」／自社の可能性を考えます。自分たちの会社に周りが共感し、関わりたいと強く思わせるようなビジョンを構築していきます。

④「**顧客ペルソナ**」**と**「**採用ペルソナ**」**の構築**／自社の顧客像や欲しい人材を明確化していきます。ただ、読みが甘いペルソナでは、それに当てはまる人物像は集まりません。顧客であれば、マーケットと競合の戦略を参照しながら人物像を定義。採用であれば、これからの自社の戦略に必要な人材を、採用市場と照らし合わせながら、どんな地域、どんな経歴の人物が獲得しやすいのかを加味して、定義していきます。

上記の①～④をまとめた後、最後に、会社の大義とビジョンを照らし合わせながら、コンセプトとストーリーをつくり上げていきます。

※注意／社内で意見出しをするときには、含みのある表現に注意しましょう。互いの立場や経歴などの背景を共有し、言葉の裏にあるものを理解し合うようにします。そうしないと、本当に大事なポイントを見落としてしまうことがあります。

おわりに

ブランディングは、企業の根幹から取り組む作業です。経営者の「想い」を組織内に落としこみ、社外にも浸透させる。これを、一気通貫で実施していくもので、それ以外に方法はありません。そして、ブランディングのために社内外から「共感」を呼び寄せ、企業存続の力とする「ブランドストーリー」を構築する重要性が、十二分にご理解いただけたことだと思います。

急速な変化が続くポストコロナ時代となった今、ブランディングを実施する企業と、しない企業では大きな差が生まれてきます。特に、中堅・中小企業においては、やればやるだけ勝つチャンスがあるのです。やり切ることを続けていく会社は、これからも変わり続け、存続・成長への道が広がっています。

ただ、そのためには、まず、経営者自身が変わる必要があります。そうしない限り、組織が変わることもありません。経営者の皆様は、是非、ブランディングを成功させる、自社の「ブランドストーリー」を考えてみてください。

これからのキャリアを考えている方へ

ブランディングは、さまざまな経営者と実際に向き合ってできる仕事であり、その企業を変えられる仕事です。インナーブランディング、アウターブランディングという双方を同時に手がけている弊社の仕事は幅広く、できることが無数にあります。興味を持っていただけたら、是非、声をかけてください。ヒアリングシートを紐解きながら、クライアントのビジョンを明確にし、最高のブランディング・ノウハウとコンテンツを納品していくのが弊社の仕事です。

大手ライバル会社と同じ土俵で戦ってこれたのも、徹底したこだわりと、やり遂げるという姿勢が、弊社内で育っているからといえます。そういう精神に共感してくれる方には、仲間になって欲しいと思っています。

イマジナは、これからも日本の素晴らしい企業の飛躍に貢献していきます。

最後となりましたが、本書の出版にあたりご尽力いただいた構成の八色祐次さん、プレジデント社の金久保 徹さんに心より感謝申し上げます。

2021年5月吉日

株式会社イマジナ　代表取締役社長　関野吉記

急速な変化が続くポストコロナ時代は、
ブランディングをやり続けることで、
「勝つ」チャンスが生まれてくる。
それには、まず、経営者自身が変わること！

Profile…… 関野吉記

株式会社イマジナ代表取締役社長。London International School of Acting卒業。卒業後はイマジネコミュニカツオネに入社し、サムソナイトなど多くのコマーシャル、映画製作を手がける。その後、投資部門出向、アジア統括マネージャーなどを歴任。経営において企業ブランディングの必要性を痛感し、株式会社イマジナを設立。アウター・インナーを結びつけたブランドコンサルティングですでに2,700社以上の実績を挙げている。最近では活躍の場を地方自治体や伝統工芸にまで広げ、ジャパンブランドのグローバルブランド化を推し進めている。

イマジナに少しでも興味を持った方は下記よりお問い合せください。
https://www.imajina.com/

ブランド～STORY設計とは～

2021年6月16日　第1刷発行

著　者　関野吉記
発行者　長坂嘉昭
発行所　株式会社プレジデント社
〒102-8641
東京都千代田区平河町2-16-1 平河町森タワー13階
https://www.president.co.jp/
https://presidentstore.jp/
電話　編集 03-3237-3733
　　　販売 03-3237-3731
販　売　桂木栄一、高橋 徹、川井田美景、森田 巌、末吉秀樹

構　成　八色祐次、佐藤真生（イマジナ）
装　丁　鈴木美里
組　版　清水絵理子
校　正　株式会社ヴェリタ
編　集　金久保 徹

印刷・製本　大日本印刷株式会社

本書に掲載した画像は、
Shutterstock.comのライセンス許諾により使用しています。

ISBN　978-4-8334-5176-5
Printed in Japan